C[illegible] [illegible]MTES D'ANJOU

RECUEILLIES ET PUBLIÉES

POUR LA SOCIÉTÉ DE L'HISTOIRE DE FRANCE

PAR

MM. MARCHEGAY ET SALMON

AVEC

UNE INTRODUCTION

PAR

M. ÉMILE MABILLE

A PARIS

CHEZ MME V^E JULES RENOUARD

LIBRAIRE DE LA SOCIÉTÉ DE L'HISTOIRE DE FRANCE

RUE DE TOURNON, N° 6

M DCCC LVI — M DCCC LXXI

N° 155

CHRONIQUES

DES

COMTES D'ANJOU

PARIS. — TYPOGRAPHIE LAHURE
Rue de Fleurus, 9

CHRONIQUES

DES

COMTES D'ANJOU

RECUEILLIES ET PUBLIÉES

POUR LA SOCIÉTÉ DE L'HISTOIRE DE FRANCE

PAR

MM. MARCHEGAY ET SALMON

AVEC

UNE INTRODUCTION

PAR

M. ÉMILE MABILLE

A PARIS

CHEZ Mme Ve JULES RENOUARD

LIBRAIRE DE LA SOCIÉTÉ DE L'HISTOIRE DE FRANCE

RUE DE TOURNON, N° 6

M DCCC LVI — M DCCC LXXI

EXTRAIT DU RÈGLEMENT.

ART. 14. Le Conseil désigne les ouvrages à publier, et choisit les personnes les plus capables d'en préparer et d'en suivre la publication.

Il nomme, pour chaque ouvrage à publier, un Commissaire responsable, chargé d'en surveiller l'exécution.

Le nom de l'éditeur sera placé en tête de chaque volume.

Aucun volume ne pourra paraître sous le nom de la Société sans l'autorisation du Conseil, et s'il n'est accompagné d'une déclaration du Commissaire responsable, portant que le travail lui a paru mériter d'être publié.

Le Commissaire responsable soussigné déclare que l'Édition des Chroniques des Comtes d'Anjou, préparée par MM. Marchegay, Salmon et Mabille, lui a paru digne d'être publiée par la SOCIÉTÉ DE L'HISTOIRE DE FRANCE.

Fait à Paris, le 11 *juin* 1871.

Signé LÉOPOLD DELISLE.

Certifié,

Le Secrétaire de la Société de l'Histoire de France,

J. DESNOYERS.

INTRODUCTION

AUX CHRONIQUES

DES

COMTES D'ANJOU.

On trouvera dans la première partie de cette notice l'histoire critique et littéraire des textes, qui composent le volume des Chroniques des comtes d'Anjou, publié il y a quatorze ans par la Société de l'histoire de France et le résultat de nos recherches sur le nom et la biographie de leurs auteurs.

Ces textes sont :

Les *Gesta consulum Andegavorum.*

L'*Historia Gaufredi comitis Andegavorum.*

Le *Liber de compositione castri Ambaziae* et les *Gesta dominorum ipsius castri.*

Le *Fragmentum historiae Andegavensis a Fulcone comite scriptum.*

Le *Commentarius* ou *Scriptum Hugonis de Cleeriis de Majoratu et Senescalcia Franciae Andegavorum olim comitibus collatis.*

Nous avons cherché dans la seconde partie à rendre moins obscure l'histoire des premiers comtes d'Anjou en faisant justice de toutes les fables qui en avaient usurpé la place. Quelques documents inédits cités dans le cours de ce travail ont été imprimés à la fin.

I.

I. LES GESTES DES COMTES D'ANJOU. — *Gesta consulum Andegavorum.*

L'ouvrage connu sous le nom de *Gesta consulum Andegavorum* a déjà été imprimé trois fois et a été l'objet de plusieurs études, on est loin cependant de s'accorder sur l'époque de sa rédaction et sur le nom de son auteur. Mabillon (1), Goussainville, éditeur des lettres de Pierre de Blois (2), les rédacteurs de l'Histoire littéraire (3) l'ont attribué à Jean, moine de Marmoutier, qui a écrit une Histoire de Geoffroi le Bel comte d'Anjou. Dom Luc d'Achéry (4), le P. Lelong (5) ont prétendu que l'Histoire de Geoffroi le Bel et les *Gesta* ne pouvaient être du même auteur et que ce dernier ouvrage avait été écrit par un moine anonyme, qui vivait vers l'an 1140. Cette opinion a été adoptée en partie par André Salmon, qui, dans ses notices sur les chroniques de Touraine (6), a cherché à prouver que le moine Jean, indépendamment de l'Histoire de Geoffroi le Bel, n'avait écrit qu'une chronique fort abrégée des comtes d'Anjou. Enfin quelques historiens ont fait honneur des *Gesta consulum Andegavorum* à Thomas, prieur de Loches.

La question, comme on le voit, n'est pas encore éclaircie, il nous a paru nécessaire de la reprendre de nouveau en nous appuyant principalement sur l'étude des manuscrits. Cette étude

(1) *Annales ordinis S. Benedicti*, t. VI, p. 552.

(2) Petri Blesensis, Bathoniensis in Anglia archidiaconi, opera omnia, Parisiis, 1667, in-fol. p. 703.

(3) t. XIII, p. 357.

(4) *Spicilegium*, Edit. in-fol. t. III, p. 234.

(5) *Bibliothèque historique de la France*, n° 35676.

(6) *Chroniques de Touraine*, Introduction, p. 90.

nous a démontré qu'on peut concilier jusqu'à un certain point les opinions des critiques qui nous ont précédés et que les Gestes des comtes d'Anjou, loin d'être l'œuvre d'un seul auteur, ne sont parvenus à l'état où nous les trouvons dans les textes imprimés qu'à la suite de plusieurs remaniements successifs.

Ce résultat, auquel on arrive par le seul examen des textes, est conforme à ce que nous apprend le moine Jean, le plus récent compilateur des Gestes des comtes d'Anjou, dans la dédicace qu'il a faite de son œuvre au roi d'Angleterre Henri II. Jean dit qu'il a cherché à réunir en un seul ouvrage les écrits de ceux, qui avaient avant lui rédigé l'histoire des comtes d'Anjou (1) et parmi les auteurs dont il a compilé les œuvres, il nomme Thomas prieur de Loches, qui ayant trouvé une chronique ou histoire abrégée sous le nom de l'abbé Eudes, s'en était servi pour composer une histoire plus étendue, dans laquelle il avait inséré les faits qui étaient parvenus à sa connaissance. Il cite ensuite Rabin ou Robin et le Breton d'Amboise, comme ayant de leur côté amélioré la chronique de l'abbé Eudes, à laquelle ils avaient ajouté quelques faits nouveaux (2). Il parle enfin d'une histoire anonyme des comtes d'Anjou, qu'il appelle aussi une histoire abrégée et qu'il avait sous les yeux, puisqu'il en cite le commencement (3). D'après ce témoignage il y avait donc à la fin du douzième siècle plusieurs histoires des comtes d'Anjou; savoir :

---

(1) Historiam sive gesta Andegavorum consulum, antecessorum tuorum, ex multis doctorum scriptis excerpsi, in uno corpore voluminis compilavi. (Johannes monachus, voir ci-après, p. 351.) — Nos citations des *Gesta consulum Andegavorum* se rapportent au texte de la Société de l'histoire de France; comme ce texte n'est pas différent de celui publié par d'Achéry dans son Spicilége, édit. in-f°, t. III, page 234, nous donnons à la fin de notre travail, pour les personnes qui n'auraient pas la dernière édition entre les mains, la concordance entre nos citations et les pages correspondantes du Spicilége.

(2) Primus scriptor exstitit Thomas Luchensis, qui breves chronicas, nomine Odonis abbatis intitulatas, ut ab ejus ore audivi, reperit, et multa quæ, fama vulgante, cognovit, addidit. Secundus exstitit Robinus et Brito Ambaziacensis, qui ipsas chronicas emendaverunt, et quædam, ut viva voce ab ipsis audivi, addiderunt. V. p. 353.

(3) Licet quidam ante me breves chronicas scripserit et in proœmio

1° Une histoire anonyme commençant par *De consulibus Andegavorum*.

2° Une chronique ou histoire abrégée attribuée à un abbé Eudes.

3° Une histoire des comtes d'Anjou, écrite par Thomas de Loches.

4° Une histoire des mêmes comtes, écrite par Robin et le Breton d'Amboise.

5° La compilation due à Jean moine de Marmoutier.

Indiquer dans les manuscrits le texte de ces différentes histoires, qui, comme nous l'avons déjà dit, ne sont que des éditions ou rédactions successives d'un thème primitif (1), en rechercher les auteurs, et déterminer la part qui revient à chacun d'eux dans l'œuvre collective, c'est le but que nous nous proposons d'atteindre dans les lignes suivantes.

Première rédaction ou rédaction de l'abbé Eudes.

I. On trouve dans le manuscrit latin 6218 de la Bibliothèque nationale une rédaction anonyme des *Gesta consulum Andegavorum* qui s'arrête à la mort de Geoffroi Martel, fils de Foulque Rechin, arrivée en 1107. Cette rédaction est certainement la plus ancienne

---

ipsas præcedente hujus modi verba præmiserit : *De consulibus Andegavorum quæ scripta nimis confuse rudique sermone reperi*. Ibid. p. 351.

(1) Parmi les ouvrages que nous a légués le moyen âge, beaucoup sont dans le même cas, et ne nous sont parvenus qu'à la suite de plusieurs remaniements. Nous citerons comme exemple les *Gesta Normannorum* de Guillaume de Jumiéges, dont notre confrère, M. Léopold Delisle, a signalé quatre éditions ou rédactions successives (Notice sur Orderic Vital, p. 73, en tête ou à la fin des œuvres d'Orderic Vital, 1855, in-8). La première, dont on n'a aucun manuscrit, fut achevée en 1087, ainsi que le prouve un épilogue conservé dans quelques manuscrits des éditions postérieures. La seconde parut peu de temps après la mort de Guillaume le Conquérant, comme il résulte d'une addition faite à l'épilogue. La troisième fut publiée entre 1125 et 1130, et la quatrième, qui a été imprimée par Duchesne, est due à Robert du Mont; elle a été écrite avant 1154.

de toutes celles qui nous restent. Nous n'en voulons pour preuve que la date à laquelle elle s'arrête et son extrême concision. C'est celle qui a été connue du moine Jean, et à laquelle il fait allusion quand il parle d'un anonyme, qui avait, avant lui, écrit une histoire abrégée des comtes d'Anjou. La phrase qu'il cite est celle-là même par laquelle elle débute dans le manuscrit. Elle ne contient aucune des interpolations, qui font du texte imprimé des Gesta, redigé par le moine Jean, une compilation informe, sans critique ni méthode, composée de morceaux juxtaposés, qui trop souvent font double emploi ou se contredisent mutuellement. Parmi les passages ajoutés après coup et qui ne se trouvent point dans le manuscrit 6218, nous citerons le long fragment sur Ingelger, emprunté à quelque recueil de Miracles et imprimé ci-après (p. 40 à 45); le récit du retour des reliques de saint Martin de Bourgogne en Touraine (p. 47 à 63); la mention de la sépulture d'Ingelger dans l'église de Saint-Martin de Tours (p. 63), celles des sépultures dans la même église de Foulque le Roux (p. 67), de Foulque le Bon (p. 75), de Geoffroi Grisegonelle (p. 87) et de Maurice (p. 89), les extraits de la vie de saint Odon, abbé de Cluni, par Jean l'Italien son disciple, qui établissent les prétendues relations de Foulque le Bon et de saint Odon (p. 67 à 69), les récits empruntés à Raoul Glaber (p. 93-98 et 109 à 116) et ceux qui regardent le tyran Crescentius (p. 100 et 103 à 106), etc., etc.

La première phrase de cette rédaction annonce qu'elle était précédée d'une introduction renfermant une histoire abrégée des rois de France. Cette introduction ou première partie a été interpolée par un compilateur maladroit et soudée au *Liber de compositione castri Ambaziae* dont elle forme la dernière moitié. Par suite de cette confusion dans un grand nombre de manuscrits, le *Liber de compositione castri Ambaziae*, les *Gesta consulum Andegavorum* et les *Gesta dominorum Ambaziensium*, écrits par des auteurs différents, se trouvent mêlés dans un ordre très-défectueux. André Salmon, trompé par cette disposition des manuscrits, a cru devoir attribuer ces ouvrages à un même auteur; mais c'est une erreur qu'une lecture attentive de la phrase qui sert de début à cette ancienne rédaction des Gesta eût dû lui faire éviter. L'ouvrage ainsi rappelé ne peut être qu'une histoire abrégée des rois de France. Or, il est facile de voir que le *Liber de compositione castri Ambaziae*, tel qu'il a été imprimé par dom Luc d'Achéry et dans cette édition, est composé de deux parties bien distinctes : du *Liber de compositione* proprement dit, qui s'arrête à la page 18, 12e ligne, et d'un autre ouvrage, qui, malgré les interpolations dont il est surchargé, n'a pas un rapport direct avec le premier. C'est dans cet ouvrage, débarrassé des intercalations faites après coup, qu'il faut rechercher l'histoire abrégée des rois de France qui précédait la rédaction primitive des *Gesta consulum Andegavorum*.

Aucun manuscrit ne nous a conservé le texte original de cette histoire, mais nous savons à peu près ce qu'était le *Liber de compositione castri Ambaziae* avant qu'il eût été remanié et soudé aux *Gesta consulum Andegavorum*. On peut donc par comparaison se faire une idée assez exacte de ce qu'elle était primitivement.

Elle commençait vraisemblablement avec le chapitre intitulé dans les imprimés *De Clodoveo* (p. 18), par : « Merovechus genuit Childericum virum pulchrum et probum, etc. » Ce premier chapitre s'arrêtait (p. 19, ligne 16) à « terramque totam usque Aurelianis recepit. » La suite (p. 20), jusqu'à la fin de l'alinéa, est une interpolation faite par le compilateur. Le texte reprenait (p. 20, lig. 12) à : « Post hunc surrexit Clodoveus rex magnus » et continuait jusqu'à « clericis in ecclesiis positis possedit » (p. 21, lig. 15). La fin de l'alinéa depuis « Lupa » jusqu'à « sepulta fuit » est encore une addition du compilateur. L'histoire abrégée reprenait même page (ligne 22) avec « Qui de genere horum regum amplius scire voluerit, » et continuait jusqu'à « cum regno Greciæ deliberavit » (p. 28, lig. 8). Ce qui suit : « Eo tempore Dani, Suevi »... jusqu'à « reliquias beati Martini in locum suum restituerunt » (p. 30, ligne dernière) est une interpolation plus récente, faite à l'aide du sermon de Radbode intitulé : *De quodam sancti Martini miraculo*, à la suite de laquelle on a ajouté plus tard encore les cinq lignes qui commencent par « Ea propter » etc., relatives à la fête dite de la subvention de saint Martin et qui ne se trouvent point dans les anciens manuscrits. Le texte de l'histoire reprenait à « Regnante Karolo Stulto, filio Ludovici qui nihil fecit » (p. 31, lign. 6) et s'arrêtait probablement avec le dernier alinéa de la page 32. On lisait à la suite l'épilogue composé des quatre dernières lignes de la page 33, « Quamobrem quia ad alia festino et de regibus Francorum multi anteme sufficienter scripserunt, ne a gemino ovo deridendo dicar incepisse, de his prædicta tibi sufficiant. » Le lecteur était ainsi préparé au récit des *Gesta*. Et l'auteur pouvait dire en commençant ce récit : « Quoniam in ante expositis de regibus Francorum quæ operi præcedenti maximeque sequenti necessaria puto explanavi, nunc de consulibus Andegavorum quæ scripta... reperi... breviter enucleabo. »

Cette histoire abrégée des trois races de nos rois paraît avoir été tirée de la même source que celle où a puisé André Sylvius, moine de Marchienne, pour écrire son *De gestis regum Francorum;* les deux compilations sont conçues sur le même plan et ont entre elles de grandes analogies.

II. L'histoire des comtes d'Anjou telle qu'elle est donnée par cette rédaction ne manque pas de mérite. Elle s'étend beaucoup trop encore sur l'origine fabuleuse de la famille de ces comtes et cependant elle est loin de renfermer toutes les fables auxquelles les autres compilateurs ont fait une si large place. A partir de Foulque Nerra, surtout, l'auteur devient un historien sérieux et digne de foi. Dans un passage inédit, relatif à Eudes le Champenois, passage remplacé dans les rédactions postérieures par un chapitre emprunté à Raoul Glaber, la mort du comte de Champagne est rapportée d'une manière toute différente de celle indiquée par le moine de Cluni (1). Plus loin, lorsqu'il raconte la mort de Geoffroi Martel et le partage de ses domaines entre ses deux neveux (p. 131), il affirme que Geoffroi le Barbu eut l'Anjou et la Saintonge pour sa part et que la Touraine échut à Foulque Rechin ; c'est au contraire l'Anjou et la Saintonge que les autres rédactions donnent à Foulque Rechin. Mais cette affirmation de notre auteur s'accorde mieux avec les renseignements transmis par les documents diplomatiques (2), et elle explique tout naturellement les

(1) Voy. ci-après, page XIII, de cette introduction, ligne 20.

(2) Des documents dignes de foi établissent que Geoffroi le Barbu, l'aîné des deux frères, fut seul désigné par Geoffroi Martel pour son héritier, et que seul il succéda au titre de comte en Anjou et en Touraine. Foulque Rechin ne reçut pour sa part que quelques châteaux ou de simples fiefs relevant du comté d'Anjou. Voir le cartulaire des serfs, publié par MM. Salmon et Grandmaison dans les Mémoires de la Société archéologique de Touraine, p. 18.

causes qui ont amené de si graves dissensions entre les deux frères. Le jugement porté sur Foulque Rechin est sévère, le chroniqueur n'hésite pas à l'appeler un prince fourbe et débauché, dont l'ambition remplit l'Anjou et la Touraine de désastres et de ruines, il donne même à entendre qu'il ne fut pas étranger à la mort de son fils Geoffroi Martel, ce qui lui paraît un fait peu croyable. C'est à la mort de ce jeune prince, tué en 1107, au siége de Candé, que s'arrête son récit, qui dans le manuscrit 6218 se termine par l'épilogue suivant rejeté tout à la fin des *Gesta* par les compilateurs postérieurs. « Hæc ego dum in voluminibus abditis invenissem scripta, non sum perpessus infructuoso silentio tegi. Ad honorem igitur dominorum nostrorum Andegavorum consulum, sicut gesta eorum agnovi, conscripsi et ad edificationem successorum credidi destinanda : obsecrans ut labor noster, in optimorum imitatione, a modernis valeat fructum invenire. »

III. Eudes, abbé de Marmoutier, auteur de la première rédaction des Gesta. — Nous avons vu que cette rédaction était la même que la chronique anonyme citée par le moine Jean. Est-elle différente de la chronique abrégée attribuée à un abbé Eudes, qui, selon le même auteur, a servi de canevas à Thomas de Loches, à Robin et à le Breton d'Amboise? Nous ne le croyons pas. Jean, il est vrai, paraît les distinguer; mais ce compilateur n'a eu entre les mains que la chronique qu'il appelle anonyme. Il ne connaissait celle que Thomas de Loches et le Breton d'Amboise attribuaient à l'abbé Eudes que par ce que lui en avaient dit ces auteurs, qui en avaient fait usage et se l'étaient appropriée. Or il est un fait que la collation des manuscrits met hors de discussion, c'est que la rédaction qui s'arrête à l'année 1107 a servi de base à toutes les autres, aussi bien à celle de Thomas de Loches qu'à celle du moine Jean. C'est à peine si en se copiant ces auteurs ont modifié quelques phrases du texte primitif. Les principaux changements qu'ils ont apportés consistent dans l'addition de préfaces qui leur sont particulières, et dans l'intercalation d'un plus ou moins grand nombre de morceaux empruntés à d'autres ouvrages. Cette raison est décisive, et on ne peut douter que le texte de la rédaction anonyme, contenu dans le manuscrit 6218, ne soit le même que celui de la chronique, attribuée à l'abbé Eudes, qui a servi de thème à Thomas de Loches, à Robin et à le Breton d'Amboise.

Quel est cet abbé Eudes? Il ne peut être évidemment question de saint Odon, abbé de Cluni, auquel un grand nombre de manuscrits attribuent à tort le traité de la réversion du corps de saint Martin de Bourgogne en Touraine, ce traité, connu seulement du moine Jean, n'ayant été écrit qu'au douzième siècle, et n'ayant qu'un rapport très-éloigné avec l'histoire des comtes d'Anjou. Nous ne voyons parmi les abbés du nom d'Eudes, qui ont gouverné des abbayes en Touraine et en Anjou au commencement du douzième siècle, qu'Eudes, abbé de Villeloin en 1105 et 1107, selon le *Gallia christiana*, mais qui, peut-être, vécut encore après cette époque, puisqu'on ne trouve cité le nom de Regnaud II, son successeur, qu'en 1140 seulement (1), et Eudes, nommé abbé de Marmoutier en 1124, mort le 13 avril 1137. C'est à ce dernier que nous attribuons la première rédaction des *Gesta*.

Il est certain que l'auteur de cette chronique était un homme instruit, nourri dans la connaissance des poëtes et des prosateurs de l'antiquité, qu'il cite à chaque instant, et cette connaissance ne pouvait s'acquérir que dans de grands monastères, comme Marmoutier, Saint-Martin de Tours et Saint-Aubin d'Angers, qui renfermaient des bibliothèques, à juste titre, restées célèbres. L'esprit d'indépendance, avec lequel il a écrit son histoire, prouve d'un autre côté qu'il n'était pas une créature des comtes d'Anjou, le jugement sévère qu'il porte sur quelques-uns de ces princes, l'absence de toutes ces formules laudatives, qui caractérisent les écrits des clercs, dont les histoires dégénèrent trop souvent en panégyriques, nous montrent dans l'auteur un homme qui, s'il était soumis de fait à la domination des comtes d'Anjou, n'attendait rien d'eux et n'avait aucune raison de les considérer comme ses patrons ou comme les bienfaiteurs de son monastère; toutes ces circonstances s'appliquent on ne peut mieux à un abbé de Marmoutier; cette abbaye, enrichie par les dons des comtes de Blois, ennemis nés des comtes d'Anjou, s'étant refusée pendant longtemps à reconnaître d'autres protecteurs.

Avant d'être nommé abbé de Marmoutier, Eudes avait exercé les fonctions de prieur claustral (2). En 1128, il assista à la céré-

(1) *Gallia Christiana*, t. XIV, col. 274.

(2) Il exerçait ces fonctions en 1107; voyez une charte de Marmou-

monie qui eut lieu au Mans le jour de l'Ascension et dans laquelle Foulque, comte d'Anjou, prêt à partir pour Jérusalem, prit la croix. La même année, il reçut en don de Thibaut, comte de Blois, l'église de Saint-Martin du Val dans le faubourg de Chartres. Il avait déjà fait à cette époque deux voyages à Jérusalem, il s'apprêtait à y retourner une troisième fois, mais Geoffroi de Vendôme chercha à le détourner de cette entreprise. Ses conseils furent écoutés et Eudes renonça à son voyage. Le 26 mai 1129 il était en Bretagne, où il se fit confirmer par l'évêque d'Aleth la possession de l'église de Corseult. Il se rendit encore dans ce pays en 1133, comme on le voit par une charte du prieuré de Combour, et il mourut le 13 avril 1137.

Tel est selon nous l'auteur de la première rédaction des *Gesta consulum Andegavorum*.

IV. Anonyme continuateur de l'abbé Eudes. Dans le même manuscrit latin 6218, la rédaction que nous venons d'attribuer à l'abbé Eudes, a été continuée jusqu'en 1150 par un anonyme, qui a transcrit à la suite l'histoire de Foulque le Jeune, roi de Jérusalem, et celle de Geoffroi le Bel, son fils. Cette dernière histoire a été copiée sans aucune modification par tous les compilateurs plus récents. Elle est conforme au texte imprimé dans ce volume. Le chapitre relatif à Foulque le Jeune est beaucoup plus court que celui des imprimés, ce qui tient à ce qu'on a intercalé après coup dans celui-ci le long récit de la bataille d'Alençon (p. 144-151), et la vision miraculeuse arrivée à Foulque le Jeune au moment de son départ pour Jérusalem (p. 152-153). Le continuateur anonyme a terminé son œuvre par un épilogue, qui dans les textes imprimés vient immédiatement avant celui de la rédaction attribuée à l'abbé Eudes, rejeté à la suite par les derniers rédacteurs.

V. Manuscrits de la première rédaction. Les manuscrits qui renferment le texte de l'abbé Eudes et de son continuateur sont assez nombreux; nous en indiquerons cinq. Le manuscrit latin 6218 est le plus ancien, nous le considérons comme le type de la famille. C'est un petit in-4°, écrit au douzième siècle, composé de 119 feuillets de parchemin, ayant de 27 à 31 lignes à la page; il

---

tier de cette année pour le prieuré de Rillé. Marchegay, *Archives d'Anjou*, t. II, p. 45.

contient du f° 1 au f° 24 v. le *Liber de compositione castri Ambaziae et ipsius dominorum gesta;* du f° 24 v. au f° 63 v. la *Chronica de gestis consulum Andegavorum*, et du f° 64 au f° 119 les *Gesta dominorum Ambaziensium.*

Le manuscrit latin 6219 de la Bibliothèque nationale est un petit in-4° en papier, de 84 feuillets, y compris les feuillets de garde, ayant de 27 à 30 lignes à la page. Ce manuscrit, qui a fait partie de la bibliothèque de Bigot, est du quinzième siècle. On lit à la fin : « Hunc librum scripsit Bartholomeus Cornut, notarius de Sancto Baldoino, ad opus mei Ludovici de la Vernade, militis, et præsidentis Forensis ac consiliarii regii, anno Domini MCCCCLIII. »

Le manuscrit du même fonds 10045, qui est aussi en papier, est composé de différents ouvrages et a été transcrit au quinzième siècle. Il est écrit sur deux colonnes, le *Liber de compositione*, les *Gesta comitum Andegavorum* et les *Gesta dominorum Ambaziensium* occupent les 39 premiers feuillets.

Le manuscrit latin 12881, sur papier, est du commencement du quinzième siècle. Dans ce manuscrit le *Liber de compositione* occupe les 11 premiers feuillets. Les *Gesta consulum* s'étendent du f° 12 au f° 29, et les *Gesta dominorum Ambaziensium* du feuillet 29 au feuillet 52.

M. Taschereau possède un manuscrit des *Gesta*, de la même famille, qu'il a bien voulu nous communiquer. C'est un volume in-4° en papier de 169 feuillets, écrit au commencement du dix-septième siècle. Il renferme : 1° de la page 1 à la page 75 le texte du *Liber de compositione*, les *Gesta consulum Andegavorum* et les *Gesta dominorum Ambaziensium*; 2° de la page 75 à la fin, la traduction française d'Hervé de la Queue.

VI. Dans tous ces manuscrits, la rédaction des *Gesta consulum Andegavorum* débute comme dans cette édition par « Quoniam in ante expositis. » L'article de Tertulle (voyez p. 26) commence par « Ipse autem genuit Tertullum qui primus, etc., » au lieu de « Supradictus autem. » A la fin de l'article de Geoffro Martel (voyez p. 143, lig. 6), après « Philippum et Florium genuit, » se trouve l'épilogue que nous avons déjà signalé comme étant celui de l'abbé Eudes. « Hæc ego dum in voluminibus abditis invenissem scripta, non sum perpessus infructuoso silentio tegi. Ad honorem igitur dominorum nostrorum Andegavorum consulum, sicut gesta eorum agnovi, conscripsi, etc. » A la suite vient le texte de la continuation anonyme, c'est-à-dire 1° l'histoire de Foulque, roi de Jésusalem qui commence comme dans l'imprimé par « Verum est pater non portabit, etc. » (p. 143), jusqu'à « Fulconi faciebat » (p. 144, lig. 14), pour reprendre (p. 151, lig. 18) à « Rex Willelmus, qui Angliam » etc., jusqu'à « Fulconem Andegavensem qui uxore carebat » (p. 152, lig. 19) et qui se termine par les deux derniers alinéas, depuis « Ipse vero » (p. 153, lig. 25) jusqu'à «sibi constitutum » (p. 155, lig. 10), et 2° l'histoire de Geoffroi le Bel telle qu'elle est imprimée dans ce volume. Celle-ci se termine par le deuxième épilogue qui forme la première moitié de celui des imprimés. « Hactenus mihi videtur sufficienter dictum esse de gestis et actibus Andegavorum consulum. Si qua preterea sunt, credo autem multa esse, ab his, si vobis, videtur, qui ista melius sciunt, queritote. »

Nous allons essayer pour ceux qui n'ont pas les manuscrits sous les yeux, de reconstituer cette rédaction sur le texte imprimé en indiquant les parties dont elle se compose et les variantes quand elles existent.

VII. La rédaction manuscrite est conforme à l'imprimé depuis « Quoniam in ante expositis » (p. 34) jusqu'à « ei valde augmentatum est » (p. 40, lig. 2), sauf les variantes suivantes : « Ipse autem genuit Tertullum, » au lieu de « Supradictus autem (p. 36, lig. 19); « Guastinensis pagi incolam, » au lieu de « dominam » (p. 39, lig. 15) que porte le texte imprimé. Après « valde augmentatum est, » les manuscrits continuent depuis « Postea vero ipsi rex prædictus » (p. 45, lig. 18) jusqu'à « contra hostes factitavit » (p. 46, lig. 16), et depuis « aliquantisper hic quandiu vixit » (p. 63, lig. 22) jusqu'à « talia actitans Ingelgerius morte obiit, cui filius ejus Fulco, etc., adversus impugnatores exercuit » (p. 63, ligne dernière).

Le chapitre de Foulque le Roux (p. 66) est semblable à l'imprimé jusqu'à « in partem sextam acciti sunt » inclusivement (p. 67, lig. 13). Celui de Foulque le Bon est semblable à l'imprimé depuis « Post hæc, mortuo Fulcone Rufo » (p. 67, lig. 16) jusqu'à « minima avaritia in ipso erat » (ibid., lig. 23). Le texte manuscrit reprend ensuite à « Iste Fulco nulla bella gessit » (p. 69, lig. 22), jusqu'à « actitasse compertum est » (p. 71, lig. 27) et continue depuis « ejus autem tempore » (p. 74, lig. 23) jusqu'à « facili labore satisfaciebat » (p. 75, lig. 7).

Le chapitre de Geoffroi Grisegonelle est ainsi composé : depuis « Iste Fulco pius » (p. 75, lig. 14) jusqu'à « sibi adquisivit » (p. 76, lig. 6), et depuis : « In diebus illis Huasten danus » (p. 78, lig. 20) jusqu'à « mortuis supervixit » (p. 87, lig. 11).

Le chapitre de Maurice est semblable à celui de l'imprimé, à l'exception de la mention de sépulture qui ne s'y trouve pas.

Celui de Foulque Nerra est semblable à l'imprimé depuis : « Fulco Nerra, cui consuetudo fuit » (p. 89, lig. 18) jusqu'à « a castro illo expellitur » (p. 91, lig. 5), après quoi la rédaction manuscrite continue ainsi (ibid., lig. 6) : « Inde comes per terram (ibid., lig. 9) hominis et amici » etc., jusqu'à « quiete et pacifice possidetur » (p. 93, lig. 16) ; « Fulco siquidem » (p. 100, lig. 18) jusqu'à « gratia peregrinationis venit » (ibid., lig. 21) ; « et acceptis (p. 101, lig. 13), cum benedictione » etc., jusqu'à « ibidemque sepultus quievit » (p. 101, dernière ligne) ; « Fulco siquidem » (p. 102, lig. 23) jusqu'à « ibi imponens, construxit « (p. 103, lig. 17) ; « Ambasiaco vero » (p. 106, lig. 24), jusqu'à « exercitu quievit (p. 109, lig. 27). On trouve ensuite dans les manuscrits ce passage qui a été supprimé dans toutes les rédactions plus récentes : « Cum esset Odo Blesis, nuncius ei innotuit Alemannos, cum duce Lotharingie, Barum super Albam obsedisse ; rediens igitur festinus, Alemannos, qui jam dicesserant, usque in Lotharingiam persequitur, cum eis pugnans, graviter vulneratus victor rediit, qui tamen plaga illa paulo post obiit, terramque illius Theobaudus, filius suus, possedit. » Le texte de l'abbé Eudes continue ensuite : « Interim Fulco » (p. 116, lig. 25) jusqu'à « non diu post vixit » (p. 117, lig. 5).

Le chapitre de Geoffroi Martel est semblable à l'imprimé depuis « Gosfridus Martellus » (p. 117, lig. 20) jusqu'à « cum Theobaldo pacificatus est » (p. 122, lig. 2) ; depuis « Gelduino Salmurensi et filio ejus » (p. 124, lig. 1) jusqu'à « distribui constituit » (ibid. lig. 8) ; depuis « Siquidem eo tempore » (p. 125, lig. 30) jusqu'à « succendit et delevit » (p. 126, lig. 21) ; depuis « Santonici etiam » (p. 127, lig. 8) jusqu'à « non sine grandi dolore defungitur » (p. 131, lig. 16).

Le chapitre de Geoffroi le Barbu est conforme à l'imprimé depuis « Dum Gosfridus » (p. 133, lig. 10) jusqu'à « violenter auferebat » (p. 134, lig. 11).

Le chapitre de Foulque Rechin est semblable à l'imprimé depuis « Fulco subdolus » (p. 138, lig. 21) jusqu'à « Fulco vocatus fuit » (p. 140, lig. 21).

Le chapitre de Geoffroi Martel (p. 141, lig. 1) commence ainsi : « Gosfridus Martellus jam adultus » et est semblable à l'imprimé jusqu'à « aliquantulum minutus erat » (ibid. lig. 15), depuis « In illo tempore » (ibid., lig. 17) jusqu'à la fin du chapitre « Philippum et Florium genuit », après quoi les manuscrits donnent l'épilogue mentionné plus haut.

DEUXIÈME RÉDACTION, PAR THOMAS DE LOCHES.

I. Thomas de Parcé prieur de Loches. Thomas de *Paccio* ou de Parcé (1), que nous croyons originaire d'Anjou, fut d'abord notaire de Foulque le jeune. Ce prince, avant de partir pour Jérusalem, le gratifia d'une prébende dans le chapitre de Notre-Dame de Loches (2). Thomas continua d'exercer les mêmes fonctions près de Geoffroi le Bel, qui vers 1138 le nomma son chapelain. Il est cité pour la première fois comme témoin dans une charte du 29 juin 1130, par laquelle Geoffroi le Bel exempte de cer-

(1) Dans toutes les chartes où il est cité, Thomas n'est jamais désigné que sous le titre de *prior* ou *decanus Lochensis*. La chronique de Notre-Dame de Loches, publiée en 1855 par André Salmon, l'appelle Thomas de *Paccio*. Nous ne connaissons aucun texte ancien qui lui donne le nom de *Thomas Pactius*, sous lequel il est plus généralement connu, mais il faut remarquer que le texte de la chronique, imprimé d'après une copie du seizième siècle seulement, est assez défectueux. Ainsi le lieu appelé *Gisois* (Gizeux en Anjou) dans la bulle du pape Eugène III, y est nommé *Gisors*. Notre confrère M. Port, si versé dans tous les détails de l'histoire de l'Anjou, croit que le nom évidemment altéré *Mota Conturmaci* désigne Continvoir, localité située à peu de distance de Giseux, et que le lieu dont Thomas porte le surnom est *Parceium* et non *Paccium*, c'est-à-dire Parcé en Anjou, à peu de distance de Giseux et de Continvoir. Nous hésitons d'autant moins à adopter cette opinion, que nous avons tout lieu de croire Thomas de Loches originaire d'Anjou.

(2) Chronique de N. D. de Loches, *Recueil des chron. de Touraine*, p. 377.

tains droits les religieux de Saint-Florent de Saumur (1). Il signa comme notaire en 1138 la charte par laquelle le comte d'Anjou exempta les habitants de Saumur du droit de vinage, moyennant une redevance payable pour chaque arpent de vigne à la Saint-Martin d'hiver (2). Le 24 août 1139, il assista à un jugement rendu à Angers dans le chapitre de Saint-Laud (3) sur un différend qui existait entre Gauzbert Aleaume, seigneur de Vihiers, et

(1) Ego Goffridus Martellus, Andegavorum comes, Fulconis regis Jerosolimitanorum filius, idemque Mathildis, regis Anglorum filiæ, Henrici videlicet Romani imperatoris quondam uxoris, maritus, querimoniæ Mathei, abbatis Sancti Florentii Salmurensis, monachorumque suorum de quodam municipio, quod in Mota Sancti Florentii Veteris michi ab eis fieri exigebam, lacrimabiliter conquerentium, et ne tam pravam inusitatamque consuetudinem castello suo superadderem humillime deposcentium ; tandem compassus sum, nec mora .... petitioni monachorum adquievi.... Porro hujus concordiae confirmationem viderunt et audierunt barones mei et alii legitimi viri, nominatim subsequenter designati: Hugo archiepiscopus Turonensis, Ingelbaudus Vindocinensis, magister Vaslotus, capellani mei ; Thomas, prior Lochensis, Matheus magister sororum mearum, qui hoc cirographum scripsit. Anno ab incarnatione domini MCXXX°. III kal. julii. — *St-Florent, Cartul. blanc*, f. 48.

(2) Ego Goffridus cognomine Martellus, Dei gratia Andecavorum comes, filius Fulconis bonæ memoriæ regis Jerusalem, concilio fidelium meorum.... Concedo hominibus meis Salmuri et sigillo nostri comitatus firmari præcipio, ut perpetualiter teneant et absque ulla revocatione possideant vinagia omnium vinearum Salmuri, ubicumque sint.... hac conditione scilicet quod, pro unoquoque arpento vineae, unoquoque anno, in festo S. Martini hyemalis, quatuor solidos andegavensis monetae recipiam, etc. Hæc concessio facta est Cenomannis ante januas Sancti Petri de Curia, anno ab incarnatione Domini MCXXXVIII, primo anno regni Ludovici, Philippi filii.... astantibus in presentia comitis, Pagano de Vallibus Claris, Andrea de Doeto, Jaquelino de Malleio, Aimerico de Averio, Fulcone et Symone, camerariis etc. Hec carta data est per manum Tomæ, prioris Lochensis, notarii comitis. — *Cartul. d'argent de St-Florent*, fol. 332 v.

(3) Defuncto Rotberto filio Rainaldi, venit quidam miles de Vieriis, nomine Gosbertus Alelmi, ad domnum Gaufridum Andegavorum comitem, et clamavit in curia ejus, adversus Rotbertum abbatem et monachos Sancti Albini, terram quæ Priscinniacus appellatur.... Auditis

Robert, abbé de Saint-Aubin; dans l'acte qui contient la sentence, il prend le titre de chapelain du comte (1).

Après la mort de Geoffroi le Bel, Thomas se retira à Loches et se consacra tout entier aux intérêts de l'église dont il était devenu le doyen. C'est le titre qu'il prend dans une donation faite en 1151 par Henri II aux religieuses de Fontevraud et à laquelle

---

itaque comes his sermonibus surrexit et secedens in locum secretum, vocavit secum domnum Ulgerium, Andegavensem episcopum, aliosque clarissimos viros ad faciendum judicium.... Nomina autem illorum qui hoc judicium fecerunt hæc sunt: dominus Gaufridus comes, filius Fulchonis Jerosolimitani regis, domnus Ulgerius Andegavensis episcopus, Matheus, abbas Sancti Florentii, Thomas, capellanus comitis. Hoc autem judicium, in capitulo S. Laudi factum, recitavit ipse Gaufridus comes in claustro ejusdem sancti coram superius nominatis personis, anno Domini MCXXXIX, indict. II., IX kal. septembris. *Archiv. de St-Aubin d'Angers.*

(1) C'est également en 1139 que Thomas de Loches, en sa qualité de notaire, dressa la charte, par laquelle Geoffroi le Bel exempta des droits d'host et de chevauchée les hommes de l'abbaye de Cormeri, qui habitaient le territoire dépendant de Loches.

Notum sit... quod ego Gosfridus, Andegavorum comes, filius Fulconis bonæ memoriae regis Hierusalem.... dono et concedo in perpetuum.... quod homines Sancti Pauli de Cormeriaco...qui morantur in fisco de castro Lochas, si aliquo modo de exercitu comitis submoniti fuerint et remanserint, non emendabunt præposito comitis etc... Et ut hoc ratum et inviolatum omni tempore custodiatur, sigillo comitatus nostri muniri atque signari præcepi. Data per manum Thomæ notarii mei. etc. — *Cartulaire de Cormeri*, n° LXI.

Thomas est encore cité avec le titre de chapelain dans une charte de Geoffroi le Bel qu'on peut rapporter à l'année 1140 ou à l'année 1141.

Ego igitur Gaufridus, Dei gratia Andegavorum comes, heredibus meis perenniter sciendum notifico, pro remedio patris et matris meæ antecessorum animarum, petitionibus justis Gaufridi, Sanctæ Mariæ prioris, benigne consentiens, ecclesiae Lentilliacæ et monachis ibi Deo famulantibus omnes consuetudines, vicariam, vendas, et omne forisfactum, quas habebam in terra Guillelmi Tellarii.... dono et in perpetuum habenda concedo. Actum in predicta ecclesia Lentilliaca, inscripta Sanctæ Trinitatis, sub his testibus : Petro Burgulii abbate, Petro Rufo, suo monacho, Thoma capellano. Sign. Gaufridi comitis Andegavis, sign. Gaufridi filii sui, sign. Willelmi filii sui. — *Archiv. de Saint-Florent de Saumur.*

il assistait (1). Quand il vint résider à Loches il trouva la collégiale fort pauvre, les bâtiments tombaient en ruine, l'église manquait des objets les plus nécessaires au culte, les revenus du chapitre étaient considérablement diminués. Thomas fit faire des livres et donna à la collégiale un exemplaire de l'Ancien et du Nouveau Testament en deux volumes, quatre passionnaux, une histoire du vénérable Bède, un missel, un évangéliaire, un épistolaire et un martyrologe. Il fit construire un four, un étang et des moulins et donna au chapitre plusieurs métairies qu'il acheta de ses deniers en Anjou. En 1154 il obtint une bulle du pape Eugène III confirmative de toutes ces donations. Thomas voyant ensuite que la voûte de l'église menaçait ruine, la fit reconstruire à ses frais ainsi qu'une partie des murailles. Mais ce dernier travail l'entraîna dans des dépenses imprévues, tout son patrimoine y passa. Il voulut alors reprendre et affecter à son usage une partie des biens qu'il avait autrefois donnés à l'église, mais cette prétention amena de graves dissentiments entre lui et les chanoines, qui soutinrent qu'il n'avait pas le droit de reprendre les biens affectés à leur entretien par une bulle pontificale. Henri II, auquel parvinrent au commencement de l'année 1168 les réclamations du chapitre, adressa à Thomas et aux chanoines de Loches, une lettre datée de Beaufort, par laquelle il leur enjoignit de faire la paix et décida que Thomas devait se contenter du revenu de deux prébendes, et cela en considération de ce qu'il avait beaucoup dépensé pour le bien de l'église et sous la

(1) Du 7 sept. 1151 au 18 mai 1152.
Ego Henricus, dux Normannornm et comes Andegavorum, do et concedo...pro anima patris mei G., Andegavensis comitis et pro mea meorumque salute, Matildi abbatisse, amite mee, et toti conventui Fontis Ebraudi domum de Salmuro, que de meo dominio erat.., et preter hoc sexdecim domos, in villa de Salmuro, quas homines mei eis dederunt; similiter eis concedo....., ut ponant in domo furni sui de Salmuro decem homines, qui non sint consuetudinarii mei, et sint quieti de omni exercitu et expeditione.... Teste Thoma, decano de Lochis, Josleno de Turonis, Ugone de Claiers etc. Apud Balgeium. — *Grand cart. de Fontevraut*, nº 646. — Charte donnée avant le 18 mai 1152, date du mariage de Henri II avec Alienor d'Aquitaine et depuis la mort de Geoffroi le Bel, 7 septembre 1151.

condition qu'il y ferait résidence (1). Thomas survécut peu de temps à cet arrangement. D'après l'obituaire de Notre-Dame de Loches, il mourut le 27 avril 1168.

II. SA RÉDACTION. On savait par le témoignage du moine Jean, que Thomas de Loches avait écrit une histoire des comtes d'Anjou. Mais on croyait jusqu'ici sur la foi du P. Lelong, que cette histoire était une chronique abrégée contenue dans un manuscrit de l'abbaye de Saint-Victor de Paris et imprimée ci-après, p. 319.

Une rubrique placée en tête du manuscrit et ajoutée après coup, avait causé l'erreur du savant bibliographe. Il suffisait de lire le texte du moine Jean pour se convaincre que l'histoire du prieur de Loches ne pouvait être une chronique abrégée, que ce devait être au contraire une œuvre d'une certaine étendue. Thomas, dit cet auteur, ayant trouvé la chronique de l'abbé Eudes, l'améliora en y ajoutant les faits parvenus à sa connaissance. La rédaction de Thomas de Parcé devait donc être plus étendue que celle de l'abbé Eudes. Ne doit-on pas supposer d'ailleurs que c'est dans les manuscrits provenant de Notre-Dame de Loches, dont Thomas était prieur, que devait se trouver de préférence le texte de son histoire. Or, il existe parmi les papiers de Duchesne, une copie des *Gesta* faite d'après un manuscrit de cette collégiale, qui avait été communiquée au savant Tourangeau par dom Filesac. Une autre copie, malheureusement incomplète, faite aussi d'après un manuscrit de Loches, nous a été conservée par dom Housseau. Ces deux copies nous donnent un texte plus étendu et différent de celui de l'abbé Eudes. En tête on lit un titre très-long, qui indique que nous nous trouvons en présence d'une rédaction faite spécialement pour l'église de Loches. Le récit commence immédiatement après ce titre sans exorde ni préface et se sépare de la rédaction de l'abbé Eudes, non-seulement par la forme, mais encore par les données historiques qu'il renferme. En effet, soit qu'il ait suivi de moins près ces anciennes généalogies des comtes, qu'invoquent tous les chroniqueurs, ou qu'il ait puisé à d'autres sources, l'auteur ne fait qu'un seul et même personnage de Tertulle et de Tortulfe, que l'abbé Eudes et les autres compilateurs distinguent. Néanmoins, le premier chapitre passé, si on compare

(1) *Recueil des chroniques de Touraine*, page 377.

le texte de ces manuscrits avec celui de l'abbé Eudes, on voit qu'il est sensiblement le même et que l'un a dû servir de modèle à l'autre, le début a été modifié, quelques phrases ont été supprimées, l'ouvrage a été étendu à l'aide d'interpolations assez considérables faites à un texte primitif, qui en réalité n'est autre que celui de l'abbé Eudes. Toutes ces circonstances rapprochées du témoignage du moine Jean, nous permettent d'affirmer que la rédaction contenue dans les manuscrits de l'église de Loches ne peut être que l'œuvre de Thomas de Parcé.

III. Indiquons maintenant les modifications que le prieur de Loches a fait subir au texte de l'abbé Eudes et les différences qui existent entre les deux rédactions. Ces modifications sont de deux sortes. Thomas a supprimé certains passages et il en a ajouté beaucoup d'autres.

Ainsi il a laissé de côté la première partie de la rédaction primitive, renfermant l'histoire abrégée des rois de France et supprimé le prologue de la seconde partie qui rappelait cette histoire. Son récit commence ex abrupto... « Primus, dit-il, ex progenie comitum Andegavorum est » etc.

Dans le chapitre relatif à Foulque le Roux (p. 65), il a supprimé toute la fin du deuxième alinéa, depuis « quæ omnia Karolus Stultus filius Ludovici Balbi, qui nihil fecit » (lig. 9) jusqu'à « hos omnes sibi alliciebat » (lig. 26). Dans le même chapitre (p. 65, avant-dernière ligne), il a laissé de côté le passage contenant la généalogie de Garnier, beau-père de Foulque le Roux depuis « Warnerius iste, cujus filiam duxit, » jusqu'à « parvulis prædictus rex abstulerat » (p. 66). Le chapitre qu'il consacre à Foulque le Bon (p. 67) est ainsi conçu : « Post hæc mortuo Fulcone, Rufo, alter Fulco, filius ejus junior, qui cognominatus est Bonus, successit. Iste fuit pacifici et tranquilli et mitis ingenii, » puis passant à la page 69, ligne 22, « nulla bella gessit » etc., jusqu'à la ligne 27 « usque modo tenent. » Thomas a également supprimé les trois dernières lignes de cet alinéa relatives au duc Rollon.

Quelles raisons ont déterminé le prieur de Loches à effectuer les suppressions que nous venons d'indiquer, c'est ce qu'il serait superflu de rechercher. Mais il y en a d'autres plus significatives, qui emportent avec elles leur propre explication. En effet, le principal but que se proposait Thomas de Parcé était de glorifier la mémoire de Geoffroi Grisegonelle, fondateur de Notre-Dame de Loches. Thomas, qui avait toujours vécu à la cour de Geoffroi le Bel, qui devait toute sa fortune à ce prince et à Foulque le jeune son père, n'était pas dans les mêmes conditions d'impartialité que l'abbé Eudes; il ne pouvait oublier en écrivant, qu'il racontait l'histoire de ses bienfaiteurs. Aussi certaines allégations, certains jugements exprimés par l'abbé Eudes, le blâme déversé par lui sur les actions de plusieurs comtes, lui ont-ils paru de nature à blesser la vanité ou les prétentions des princes de cette famille; elles disparaissent sous sa plume. C'est ainsi qu'il a supprimé (p. 139, lign. 3) cette phrase énergique, dans laquelle Eudes semble avoir voulu résumer tout le règne du Rechin : « Deleta pene Andegavia et Turonia, Fulco Rechim Barbatum, fratrem suum, subdole captum, in vinculis posuit et utrumque comitatum veluti suum suscepit. » Il a remplacé (p. 131) la phrase « Andegaviam et Santonas Barbato, Turoniam cum Landonensi castro Fulconi » par la suivante « Andegaviam et Santonas Fulconi, Turoniam cum Landonensi castro Barbato donavit » croyant pouvoir ainsi donner le change à la postérité sur l'usurpation du Rechin.

L'abbé Eudes n'a jamais attaqué la famille des comtes de Blois, toutes les fois qu'il a parlé d'un des membres de cette famille, il l'a fait simplement, sans exprimer ni blâme ni éloge. On sent néanmoins que c'est de leur côté que se portent ses préférences et qu'il se souvient que les comtes de Blois ont toujours été les bienfaiteurs de l'abbaye de Marmoutier, mais ce souvenir ne le fait pas se départir un instant de cette impartialité qui n'est pas une des moindres qualités de son récit. Thomas de Loches n'a pas tenu la même conduite, non-seulement il a supprimé (p. 109) le récit de la mort d'Eudes le Champenois, tel qu'il se trouve dans la rédaction primitive, mais il a remplacé ce récit par un chapitre de Raoul Glaber, auteur qui, comme chacun sait, est loin d'être favorable à la maison des comtes de Blois.

IV. Si l'on on croit le moine Jean, les additions du prieur de Loches auraient été de peu d'importance. Il aurait simplement ajouté à la chronique ancienne quelques faits qu'il avait appris de vive voix, mais cette allégation est démentie par l'examen des manuscrits de la collégiale de Loches; non-seulement Thomas a ajouté à la rédaction primitive des récits dont il peut être considéré comme l'auteur, mais il y a inséré un grand nombre de passages, empruntés à des ouvrages, qui pour la plupart nous sont connus, tels que l'histoire de Raoul Glaber et les *Gesta dominorum Ambaziensium.* Au moine de Cluni il n'a pas emprunté moins de six chapitres. Le troisième et le quatrième du livre II, qu'il a intercalés après l'article consacré par l'abbé Eudes à la mort des fils de Conan duc de Bretagne (p. 93) depuis « Nunc de moribus Britonum » jusqu'à « patrare episcopi diocesi » (p. 98, avant-dernière ligne). Le sixième du livre IV, intercalé après la mention de la mort de Robert le Diable (p. 101, dernière ligne), depuis « De quo » jusqu'à « Helena legitur genitus fuisse. » Les chapitres deux et neuf du livre III, transcrits à la place du récit de la mort d'Eudes le Champenois par l'abbé Eudes (p. 109), depuis « Igitur disponente Francorum regum » jusqu'à « cujus finem teterrimum supra diximus » (p. 116) et le chapitre deux du livre V, inséré à la suite du récit de la bataille de Noït en 1042, depuis « Quid Glaber Rodulphus » (p. 122, troisième ligne) jusqu'à « facere permitteret. »

Les emprunts faits aux *Gesta dominorum Ambaziensium* sont au nombre de cinq, le premier « At Fulco alter Cæsar » (voir p. 162) a été intercalé après le récit des querelles de Foulque Nerra et d'Eudes le Champenois (p. 91, ligne 18). Le second commençant par « Gosfridus igitur cum Willelmo » (voir p. 172) a été inséré après la mention des courses de Geoffroi Martel en Poitou (p. 126, deuxième alinéa). Les trois autres ont été placés au milieu du chapitre consacré à Foulque Rechin, entre l'avant dernier et le dernier alinéa (p. 140). Le premier commence par « Erant tunc autem Ambaziae » (p. 175) ; le second par « Non longe post hæc » (p. 183), et le troisième par « Namque velle suum cuique » (p. 185).

Deux autres ouvrages ont encore été mis à contribution par Thomas de Loches. Le premier est un de ces nombreux recueils de miracles de saint Martin qui ne nous sont point parvenus. Les fragments conservés permettent de croire qu'il avait été rédigé dans la collégiale de Saint-Martin de Tours et peut-être par un chanoine de cette église. Des deux anecdotes empruntées par Thomas à ce recueil, la première est bien connue : c'est l'histoire de Foulque le Bon prenant part aux chants des clercs dans l'église de Saint-Martin et de sa célèbre réponse aux railleries du roi de France, qui l'avait surpris dans cette occupation « rex illitteratus est asinus coronatus » (p. 70, deuxième alinéa) ; l'autre, puisée évidemment à la même source, vient immédiatement après. C'est l'histoire de Foulque le Bon portant Jésus-Christ sous la forme d'un lépreux depuis le Port Cordon jusqu'à l'église de Saint-Martin (p. 73, l. 5).

Le second ouvrage était aussi un recueil de miracles, une de ces compilations qui servaient de thèmes aux sermonnaires. Celui-ci avait été rédigé par un moine de Marmoutier. Le fragment que Thomas de Loches en avait extrait et qu'il a assez maladroitement intercalé à la suite d'un passage où l'abbé Eudes faisait l'éloge de Geoffroi le Barbu (1) est dirigé contre ce prince. Il fait allusion à quelque différend survenu entre le malheureux frère de Foulque Rechin et les religieux de Marmoutier. La même historiette se retrouve dans la vie de saint Hugue par Hildebert, évêque du Mans, et paraît lui avoir été empruntée. Peut-être a-t-elle été tirée de l'ouvrage de Gautier de Compiègne, religieux de Marmoutier, auquel le moine Jean prétend avoir emprunté plusieurs des additions qu'il a faites à sa rédaction des Gesta.

V. Arrivons maintenant aux additions qui peuvent être considérées comme étant plus particulièrement l'œuvre de Thomas de Parcé. Nous mentionnerons d'abord les indications de sépulture dans l'abbaye de Saint-Aubin d'Angers de Geoffroi Grisegonelle (p. 87, ligne 11) et de Maurice (p. 89, ligne 16), indications ajoutées au texte de l'abbé Eudes qui est muet à cet égard. — La fondation de la Trinité de Vendôme ainsi rapportée par Thomas (p. 131, l. 17) : « Ædificavit autem cœnobium Sanctæ Trinitatis, apud Vindocinum castrum, monachosque posuit et abbatem constituit. » La dernière ligne de cet alinéa et le suivant, ont été ajoutés par le moine Jean. La construction de l'église Saint-Georges de Vendôme par la comtesse Agnès (p. 132, l. 26, 27 et 28) et l'achèvement de l'église de Saint-Nicolas au faubourg d'Angers (p. 133, l. 5 à 9). Au milieu du paragraphe consacré par l'abbé Eudes au récit du différend qui s'éleva entre le comte Maurice et Landri de Châteaudun, Thomas a intercalé (p. 88, ligne 20), la phrase « Itaque per Turonim et Lengiacum descen-

(1) Depuis « Quantæ cupiditatis » (p. 134, ligne 12) jusqu'à « injusta tyrannide sæviebat » (p. 138, ligne 20).

dens... et Blesensi territorio de feodo prædicti Odonis tenebat, » qui ne se trouve point dans la rédaction primitive.

Nous avons encore à signaler deux morceaux ajoutés par Thomas de Loches et dont il paraît être le rédacteur ; l'un (p. 124, l. 9) est l'histoire de l'origine et de la fondation de Château-Renault, histoire calquée sans aucun doute sur une de ces chartes-notices du XIe siècle, qui offrent parfois pour nos provinces du centre, de si curieux tableaux de mœurs ; l'autre, qui suffirait à lui seul pour assigner à Thomas de Loches un rang distingué parmi nos anciens chroniqueurs, est le récit très-détaillé de la bataille d'Alençon, donnée en 1118, entre Foulque le Jeune et Henri Ier roi d'Angleterre (p. 154, l. 13). C'est à ce récit vraisemblablement que fait allusion le moine Jean quand il nous dit que Thomas avait ajouté à la chronique de l'abbé Eudes les faits qu'il avait appris de la renommée. Pendant son long séjour à la suite de Foulque le Jeune et de Geoffroi le Bel, Thomas avait vu la plupart des personnages qui avaient pris part à cette bataille et il avait dû plus d'une fois en entendre le récit.

VI. Nous avons dit que c'était en 1151, après la mort de Geoffroi le Bel, que Thomas de Parcé était venu résider à Loches. C'est en 1154 qu'il fit confirmer par le pape toutes les donations qu'il avait faites à son chapitre, mais c'est postérieurement à cette époque qu'il a dû rédiger son histoire ; il s'est en effet servi des *Gesta dominorum Ambaziensium*, qui n'ont été écrits qu'en 1155 au plus tôt. Si d'un autre côté on considère que sa rédaction a précédé celle de Robin et de le Breton d'Amboise, antérieure elle-même, ou tout au plus contemporaine de celle du moine Jean écrite en 1169 ou 1170, on est amené à fixer à l'année 1160 environ, l'époque où il écrivait.

VII. Manuscrits de la rédaction de Thomas de Loches. Une des copies de l'histoire de Thomas de Loches se trouve dans le tome XLVI des *Mélanges Colbert*, f° 164 à f° 198, elle provient de Duchesne. On lit sur la première page : « Gesta comitum Andegavensium Thomæ Paccii Lochensis, qui desiit in Godefrido Bello, Matildis imperatricis marito. » Et en marge : « ex codice in carta D. Filesaci. » — « Cette copie a été collationnée avec un manuscrit appartenant à N. D. de Loches, et il s'est trouvé conforme. » Il faut rapprocher de cette dernière mention la suivante, écrite sur la feuille de garde et qui constate que Duchesne avait reconnu que la rédaction des manuscrits de Loches différait des autres. « Exemplaria alia quatuor, duo in membranis antiquis, duo in carta, obvia habuit Andegavis Belleforest, quæ omnia prolixiorem præfationem hoc exemplari Lochensi habent. Sicque principes vel consules numerantur : Torquatius Brito Gallus, Tertullus ejus filius, Ingelgerius, etc. »

En tête de cette copie se trouve le titre suivant : « Chronica comitum Andegaviæ aliorumque multorum illustrium virorum, qui tam in territorio Andegavensi et Turonensi quam Parisiensi atque Britanniæ locisque confinibus militarunt, e quorum numero illustrissimus invictissimusque Gaufridus Grisa Gonella seu Grisa Tunica, Andegavorum comes, ecclesiæ collegiatæ Lochensis, ad Romanam ecclesiam nullo medio pertinentis, sanctissimus fundator, insignia gesta relatu digna peregit, quæ potius divinitus quam humanitus creduntur facta. »

Après ce titre le récit commence immédiatement. En voici le début : DE TERTULLO SEU TORTULFO PRIMO COMITE ANDEGAVORUM. — « Primus ex progenie comitum Andegavorum computatus est per antiquos genealogiæ illorum relatores Tertullus quidam, qui a vulgaribus proprietatem vetusti ac Romani nominis ignorantibus, corrupto vocabulo Tortulphus dici consuevit. Is in pago Rhedonico oriundus, forestis illius quæ Nidus Meruli nuncupatur, ut dicunt aliqui, forestarius, seu, ut alii magis volunt, habitator tantum rusticanus fuit, ex copia silvestri et venatico exercitio victitans, cujusmodi homines bigrios vel byrsarios sive pedicarios dicere solemus, utralibet ancipitis opinionis pars verior existat non multum refert. Hoc profecto constat quod Tertullus, juvenis acer, ingenuus, etc. » L'ouvrage est divisé en chapitres et en tête de chacun se trouve un titre ou rubrique. La chronique est terminée par l'épilogue du continuateur anonyme, auquel Thomas de Loches a soudé celui de l'abbé Eudes en le rejetant à la fin.

Une autre copie de la même rédaction se trouve dans les papiers de dom Housseau (1). Elle n'est malheureusement pas complète; elle a été prise par extraits sur une copie faite en la forme authentique et qui provient d'un manuscrit de Loches, comme le prouve l'attestation suivante qui se lit à la fin : « Collation faite

(1) Tome XXI, fol. 14.

au livre des chroniques, escript en parchemin avec autres volumes pour la partie des vénérables et discrets, les prieurs, chanoines et chapitre de l'église collégiale Notre-Dame de Loches, demandeurs et complaignans en cas de saisine et nouvelleté, en présence de vénérable et discret maistre Raoullant du Meul, chanoine prébendé et procureur de la dite église et desdits vénérables, contre les religieux, abbé et couvent de Beaulieu, défendeurs et opposans audit cas, en la présence de maistre Hugues Gaigneron, licencié en loix et bachelier en droit, procureur fondé du consentement de chacune desdites parties, le dizième jour de febvrier 1504. Ainsi signé Gaigneron. »

Le manuscrit latin 10039 de la Bibliothèque nationale était ainsi intitulé sur les anciens catalogues : « Paccius Lochensis, de consulibus Andegavorum » mais il a disparu depuis longtemps des rayons de la bibliothèque.

RÉDACTION DE ROBIN ET LE BRETON D'AMBOISE.

Le manuscrit latin 6006 de la Bibliothèque nationale renferme une troisième rédaction des *Gesta consulum Andegavorum* ; il porte d'assez nombreuses corrections, les unes contemporaines de l'époque où il a été écrit, les autres postérieures. L'auteur paraît avoir suivi d'abord la rédaction de l'abbé Eudes, dont il a conservé le procemium ou prologue, mais il avait en même temps sous les yeux celle du prieur de Loches, car il a inséré dans sa transcription la plupart des interpolations faites par ce dernier. Il y en a quelques-unes cependant, surtout au commencement, qu'il n'a fait qu'indiquer à la marge, comme il aurait fait de corrections ou d'additions exécutées après coup. Ce qui pourrait faire supposer qu'il n'avait eu d'abord à sa disposition que la chronique de l'abbé Eudes, qu'il avait déjà copiée en partie, lorsque l'histoire de Thomas de Loches tomba sous ses yeux. Cela devient surtout sensible pour ce passage que nous avons déjà signalé au sujet de la succession de Geoffroi Martel : « *Reliquit Andegaviam et Santonas* Barbato, *Turoniam et Landonense Castrum* Fulconi. » L'auteur, qui avait d'abord copié le texte d'Eudes, a voulu rétablir ensuite la leçon donnée par Thomas de Loches, il a rayé les deux mots *Barbato* et *Fulconi* et a écrit en interligne *Fulconi* au-dessus du premier et *Barbato* au-dessus du second. De même pour le chapitre de Tertulle : (v. p. 36) il avait écrit comme l'abbé Eudes, « Ipse autem genuit Tertullum qui, primus ex progenie, etc. » C'est ce que portait le manuscrit, mais l'auteur a écrit en marge « Supradictus autem Torquatius sive Tortulfus genuit Tertullum qui primus » etc., et il est à remarquer que cette variante est ensuite entrée dans le texte et qu'elle a été reproduite par tous les manuscrits de la famille dont nous considérons le manuscrit 6006 comme le type.

II. Dans ce manuscrit les *Gesta consulum* et les *Gesta dominorum Ambaziensium* ont été confondus comme s'ils étaient l'œuvre d'un même auteur. Ils sont transcrits dans l'ordre suivant : 1° le *Liber de compositione castri Ambaziæ ;* 2° les *Gesta consulum Andegavorum ;* 3° les *Gesta dominorum Ambaziensium.* Le même ordre se fait remarquer dans les manuscrits qui renferment la rédaction de l'abbé Eudes, de telle sorte que, si on excepte les manuscrits de la collégiale de Loches où se trouvait l'histoire de Thomas de Parcé et ceux qui contenaient la compilation du moine Jean, tous les manuscrits, qui nous ont conservé le texte des *Gesta* se divisent en deux familles, dont les manuscrits 6218 et 6006 sont les types.

Ces manuscrits, qui sont du douzième siècle, offrent l'un et l'autre dans le même ordre les trois ouvrages que nous venons de citer ; ce qui les distingue, c'est que le premier contient le texte primitif de l'abbé Eudes, et le second un texte qui paraît dériver tout à la fois du premier et de celui du prieur de Loches. Le moine Jean nous apprend qu'après Thomas de Loches, deux écrivains, Robin et le Breton d'Amboise (1), avaient aussi travaillé à une édition des *Gesta*. Ces auteurs étaient ses contemporains, il était en relation avec eux, c'est donc entre 1160 et 1169 qu'ils ont dû

(1) Il n'existe plus de manuscrit ancien de la rédaction du moine Jean. Les copies qui nous restent de son ouvrage sont assez défectueuses ; on n'est pas certain par exemple de l'exactitude du passage où il est parlé de la Rédaction de Robin et le Breton d'Amboise : « *Secundus extititit, Robinus et Brito Ambaziacensis qui ipsas chronicas emendaverunt,* » une copie porte *Rabinus*, une autre ne fait qu'un seul personnage des deux auteurs cités. « *Robinus Brito Ambaziacensis, qui ipsas chronicas emendavit.* »

rédiger leur histoire, puisque le moine Jean écrivait à la dernière de ces dates. Ce renseignement s'accorde assez bien avec l'époque où ont pu être écrits les manuscrits 6218 et 6006, et c'est ce qui nous fait croire qu'il faut attribuer à Robin et à le Breton d'Amboise le fait d'avoir soudé et confondu le *Liber de compositione castri Ambaziæ* avec les Gestes des comtes d'Anjou. Dans une première transcription, ces auteurs, qui suivaient le manuscrit original de l'abbé Eudes, auraient copié sa rédaction, sans y changer un seul mot et ce travail aurait produit le ms 6218. Ils auraient procédé à une nouvelle transcription, mais dans l'intervalle ils auraient pris connaissance de la rédaction de Thomas de Loches. D'abord ils avaient noté, en marge de la partie déjà copiée, les additions qu'ils avaient trouvées dans celle-ci et ils auraient suivi cette dernière pour toute la partie qui n'était pas encore copiée. Telle est notre hypothèse.

En effet, la rédaction du manuscrit 6006 n'offre aucun fait nouveau. Elle se rapproche comme forme de la rédaction de l'abbé Eudes, dont elle a conservé le prologue; comme fond elle reproduit celle du prieur de Loches, dont elle contient les additions et les variantes. De même que dans celle-ci on trouve l'épilogue de l'abbé Eudes rejeté après celui du continuateur, nouvelle preuve que dans leur transcription les auteurs ont suivi la rédaction de Thomas de Loches.

III. Manuscrits de cette rédaction. Le manuscrit latin 6006 est composé de 52 feuillets de parchemin, ayant chacun 31 lignes à la page. L'écriture est fort belle et appartient à la seconde moitié du douzième siècle. Il renferme : 1° le *Liber de compositione castri Ambaziae* (f° 1 à 8 v.); 2° les *Gesta consulum Andegavorum* (f° 8 v. à 32 v.); 3° les *Gesta dominorum Ambaziensium* (f° 32 à 52).

Le manuscrit latin 6004 composé de 20 feuillets, ayant de 34 à 36 lignes à la page, ne renferme que les *Gesta consulum Andegavorum;* il a été copié sur le précédent dans les premières années du treizième siècle. C'est ce qu'il est facile de constater en remarquant que plusieurs notes ou rubriques, placées sur les marges du manuscrit 6006, ont été assez maladroitement intercalées dans le texte par le copiste du manuscrit 6004. Ce manuscrit a été fait pour l'abbaye de Saint-Aubin d'Angers ; du moins il a appartenu à cette église, comme le prouve la mention suivante, inscrite au quinzième siècle sur une des feuilles de garde : « Qui cest livre emblera, par un licoul à Maugibet pendu sera, quar il ere de Saint-Aubin d'Angers. »

Le manuscrit 13 897 du même fonds est une copie faite au dix-septième siècle. Il renferme des notes et un commentaire de Jean Oudin, prêtre du diocèse de Verdun, sur les Gestes des comtes d'Anjou et ceux des seigneurs d'Amboise.

Il existe à la bibliothèque du Vatican, deux manuscrits des Gesta consulum Andegavorum, qui doivent renfermer la rédaction de Robin et de le Breton d'Amboise, l'un, n° 679 du fonds de la reine de Suède, est composé de 86 feuillets, il est du quatorzième siècle. On trouve au commencement le Liber de compositione castri Ambaziae et à la fin les Gestes des seigneurs d'Amboise. L'autre, n° 1570 du même fonds, a été écrit au quinzième siècle. Il est composé de 93 feuillets, les *Gesta consulum* commencent au f° 43.

QUATRIÈME RÉDACTION OU RÉDACTION DU MOINE JEAN.

I. Jean, moine de Marmoutier. — Ses oeuvres. La rédaction des Gesta consulum Andegavorum, imprimée par d'Achéry et reproduite en partie par l'édition de la Société de l'Histoire de France, ne ressemble à aucune des précédentes, elle en diffère non-seulement par son commencement, qui est l'œuvre propre de l'auteur, mais aussi par son étendue et par le nombre plus considérable d'interpolations qu'elle renferme. Elle est due à Jean, moine de Marmoutier, qui se nomme lui-même en tête de sa préface : « Domino Henrico, regi Anglorum, duci Normannorum, comiti Andegavorum.... Johannes, frater Majoris Monasterii, humillimus monachorum et parvissimus clericorum, pacem cum gaudio, vitam, salutem et sanitatem ab eo qui dat salutem regibus. »

Nous savons peu de choses de la vie de ce moine. Il écrivit vers 1169 ou 1170 sa compilation des Gestes des comtes d'Anjou (1), et vers 1180 l'Histoire de Geoffroi V dit le Bel. André Sal-

(1) Cette époque est fixée par Jean lui-même. Il nous apprend qu'au moment où il offrait son histoire à Henri II, ce prince avait déjà perdu

mon lui a attribué le Traité de l'éloge de la Touraine, se fondant sur ce que le début de cet ouvrage reproduisait les premières lignes du panégyrique du comte Geoffroi, mais nous croyons que c'est à tort. D'Achéry, qui le premier a publié cette rédaction dans son Spicilége, s'est servi d'une copie faite sur le cartulaire de Saint-Laud d'Angers. Dans ce cartulaire le nom du moine Jean avait été omis, et cette circonstance avait fait croire au savant bénédictin que les Gesta consulum Andegavorum étaient l'œuvre d'un moine anonyme qui vivait en 1140. Mais en présence des différents manuscrits de cette rédaction, qui tous, à l'exception des copies faites sur le cartulaire de Saint-Laud, portent le nom de Jean, on ne peut plus douter que celui-ci ne soit l'auteur de la dernière rédaction des Gesta consulum Andegavorum.

II. *Sa rédaction des Gesta.* L'œuvre du moine Jean était en quelque sorte une histoire officielle. C'est ce qui explique le fait de sa transcription dans le cartulaire de Saint-Laud, la Sainte Chapelle des comtes d'Anjou. L'auteur a dédié son histoire au roi Henri II; et dans un prologue qu'il intitule *proœmium*, il explique à ce prince le but qu'il s'était proposé. « Quoiqu'il existe déjà, dit-il, une histoire abrégée des comtes d'Anjou, il croit utile de réunir en un seul et même corps d'ouvrage les écrits des historiens, qui avant lui ont traité le même sujet. Son intention est de mettre en évidence la vie et les nobles actions des comtes prédécesseurs du roi, afin que les considérant comme dans un miroir, ce prince puisse éviter leurs fautes et imiter leurs vertus. Pour prouver que ses écrits méritent toute confiance et qu'il ne veut pas en imposer à la postérité, il croit nécessaire de nommer les auteurs qu'il a consultés et qu'il donne comme ses garants.

« Je citerai en premier lieu, dit-il, Thomas de Loches, qui, ainsi que je l'ai ouï dire à lui-même, ayant trouvé une histoire

---

ses frères et partagé ses États avec ses fils. Ceux-ci ne s'étaient pas encore révoltés contre lui. Ces faits répondent aux années 1168 à 1170.

Dans son histoire de Geoffroi le Bel, Jean a fait allusion à ce premier ouvrage, il parle des histoires d'autres princes qu'il avait écrites antérieurement. « Cum multorum aliorum principum historias collegerimus, circa hunc immoramur, qui quodam specularis radio virtutis mundum, quasi sole altero, illustravit. »

abrégée des comtes d'Anjou, qui portait le nom de l'abbé Eudes, y avait ajouté ce qu'il avait appris de la renommée. En second lieu Robin et le Breton d'Amboise qui, comme je le tiens de leur propre bouche, corrigèrent cette chronique abrégée et y firent les additions nécessaires. »

Imitant ces auteurs, Jean, à son tour, ajouta à la chronique de nombreux faits puisés à des sources différentes qu'il prend soin d'indiquer. Selon lui ces sources seraient : 1° l'Histoire des Francs; 2° Raoul Glaber; 3° les Chroniques de Geoffroi Rechin; 4° les récits de maître Robin; 5° les écrits de Gautier de Compiègne, moine de Marmoutier.

Ces dernières affirmations du moine Jean doivent-elles être prises au pied de la lettre, est-il réellement l'auteur de toutes les interpolations dont nous avons déjà signalé la plus grande partie? Évidemment non, puisque la rédaction de Thomas de Loches contient déjà celles qui ont été faites notamment à l'aide du texte de Raoul Glaber; en prétendant avoir puisé dans tous ces auteurs, le moine Jean s'est attribué le travail de ses prédécesseurs. Les additions qui proviennent de son fait sont néanmoins considérables, mais comme nous le verrons bientôt elles ont été empruntées, pour la plupart, à d'autres ouvrages qu'il a trouvé bon de passer sous silence. Revenons pour le moment au prologue de son histoire.

Après avoir indiqué les sources où il prétend avoir puisé, Jean transcrit en le modifiant légèrement l'épilogue de l'abbé Eudes : « Hæc ego dum in abditis voluminibus invenissem scripta, non sum perpessus infructuoso silentio tegi, sed ad honorem Andegavorum consulum, dominorum nostrorum, domine mi rex, conscripsi, etc. » Il déclare ensuite qu'il croit utile, pour la commodité du lecteur, de terminer son prologue par un abrégé ou tableau sommaire des principaux faits rapportés dans l'histoire des comtes d'Anjou, afin qu'on les ait plus facilement présents à la mémoire : « Nunc igitur, si placet, in finem nostri prooemii eorum omnium vel singulorum exempla, facta vel dicta breviter prænotemus. » En effet, Jean fait suivre son prologue d'un épitome ou sommaire intitulé : « *Summarium gestorum præsentium chronicorum* » divisé en quinze chapitres, dans lesquels il s'est efforcé de faire, en quelques lignes d'un style ampoulé, l'éloge de chacun des comtes d'Anjou, depuis Torquatius jusqu'à Henri II inclusivement. Il va sans dire que l'article consacré à ce dernier n'est pas le moins élogieux, il est terminé par un souhait, suivi d'un distique, dans le goût de l'époque : « Vale, domine mi rex, et cum filiis tuis crescentibus prosperis ad vocata successibus, polle, vale. »

Vive, precor, sed vive Deo, nam vivere mundo,
Mors est, sed vera est vivere vita Deo.

L'histoire proprement dite ou plutôt la compilation du moine Jean commence immédiatement après ce distique.

C'est à tort qu'André Salmon a prétendu réduire au prologue et au sommaire, que nous venons d'analyser, toute l'œuvre du moine de Marmoutier, et qu'il a soutenu que d'Achéry en plaçant cette histoire abrégée en tête des *Gesta consulum Andegavorum* avait confondu deux ouvrages distincts ; son opinion a été adoptée lors de l'impression de ce volume, c'est pourquoi la préface et l'épitome du moine Jean se trouvent à la page 351, tandis que le texte même de sa compilation, précédé il est vrai de la préface de Robin et de Le Breton d'Amboise, qui ne lui appartient pas, commence à la page 34. Mais quand bien même l'ordre suivi par d'Achéry n'aurait pas été indiqué par les manuscrits, il suffisait de lire la préface que nous venons d'analyser, pour rester convaincu que l'œuvre de Jean ne pouvait se borner à l'épitome dont il la fait suivre, et qu'on devait y comprendre la rédaction des Gestes, imprimée par d'Achéry, d'après le Cartulaire de Saint-Laud.

Quoique le moine Jean connût la rédaction de l'abbé Eudes, il ne paraît pas s'en être servi. Il avait sous les yeux celle de Thomas de Loches, qu'il suit de préférence, et celle de Robin et de le Breton d'Amboise, ainsi qu'il ressort de certaines interpolations faites à l'aide de leur introduction. Son récit commence, comme celui de Thomas de Loches, ex abrupto, mais avec l'abbé Eudes, Robin et le Breton d'Amboise, il fait remonter l'origine de la famille à Tortulfe, père de Tertulle et grand-père d'Ingelger.

III. Nous avons dit qu'une partie des interpolations dont Jean de Marmoutier s'est attribué le mérite, ne provenait pas de son fait; nous allons voir en comparant son œuvre à celles de ses prédécesseurs quelles sont les modifications qu'il a fait subir à ces dernières.

Il a fait plusieurs emprunts à l'introduction de Robin et de le Breton d'Amboise. Ainsi il a intercalé dans sa compilation en l'ajoutant à la fin du chapitre de Tertulle (p. 39), le récit de l'invasion des Normands de Radbode inséré par le Breton d'Amboise dans le *Liber de compositione castri Ambaziae* (p. 28 à 30). Il a placé entre la première et la seconde phrase du chapitre de Tertulle (p. 36, ligne 22), une partie du prologue dont il n'avait pas fait usage (p. 34 et 35), sans s'apercevoir que cette intercalation rompait le fil du discours et rendait ce chapitre presque inintelligible. Au milieu du paragraphe consacré au récit du différend, qui s'était élevé entre le comte Maurice et Landri de Chateaudun (p. 88 ligne 20), il a remplacé la phrase ajoutée par Thomas de Loches « Itaque per Turonim et Lengiacum, etc.» par une interpolation assez malheureuse, celle des deux premiers alinéas du chapitre du *Liber de compositione castri Ambaziæ* intitulé *de Blesi Chronica* qu'il a fait précéder de ces phrases : « Landricus, qui possidebat Campaniam atque Lothoringiam, Briam etiam et Carnotum, Turonim et Blesim. De nomine hujus castelli et constructione sive constitutione ejus breviter lectori intimare curabimus. Ivomadus enim quidam juvenis, etc. »

A ces quelques passages empruntés au *Liber de constructione castri Ambaziae* et à l'histoire abrégée des rois de France, ne se bornent point les interpolations faites par le moine Jean. En indiquant les autres, nous commencerons par celles dont nous avons pu retrouver la source. On verra qu'en général pour farcir son histoire, l'auteur s'est adressé de préférence aux recueils de miracles, aux légendes et aux écrits apocryphes, ouvrages dont la valeur historique est presque nulle. Il a fait entrer presque en entier, par exemple, dans l'article d'Ingelger, en le faisant précéder de quelques lignes destinées à le rattacher aux faits précédents, le récit écrit au douzième siècle et attribué par un faussaire à Odon abbé de Cluni, sous le titre de *Tractatus de reversione*, etc. (p. 46 à 63), à la suite viennent les quatre premiers alinéas du récit des miracles opérés après le retour du corps de saint Martin en Touraine, récit faussement attribué à Herberne, archevêque de Tours, et que nous avons prouvé n'être que la suite du faux Odon (1). La prétendue lettre écrite par saint

(1) *Les Invasions normandes dans la Loire et les Pérégrinations du corps de St Martin*, p. 15 et 16.

Odon à Foulque le Bon, qui précède ce dernier ouvrage, a été résumée en quatre lignes par le moine Jean et ajoutée à la vie de Foulque le Bon (p. 69, lignes 15 à 21).

Un autre ouvrage apocryphe où notre compilateur a également puisé, est l'opuscule faussement attribué à Hugue de Clères et intitulé, *de Majoratu et Senescalcia Franciæ comitibus Andegavorum collatis*, dont il a inséré toute la première partie dans la vie de Geoffroi Grisegonelle (p. 76 à 78).

Un troisième ouvrage dont nous pouvons encore nommer l'auteur, et qui a été mis à profit par le moine Jean, est la Vie de saint Hugue, abbé de Cluni, par Jean l'Italien, son disciple ; il en a tiré le long fragment qu'il a fait entrer dans la Vie de Foulque le Bon (p. 67, lig. 23), depuis « Iste nutrivit secum » jusqu'à (p. 69, ligne 14), « factus est agonista. »

IV. Il est plus difficile de retrouver la source d'où a été tirée l'histoire du tyran Crescentius, que Jean a coupée en deux, pour insérer la première partie à la suite du voyage de Foulque Nerra à Rome depuis « Sciensque Fulconem virum, » (p. 100, lig. 24) jusqu'à «patri obedire, » (p. 101, lig. 12) et la seconde après le retour de Foulque de la Terre Sainte, depuis « Cum autem regressus, » (p. 101, lig. 12), jusqu'à « multis aliis pecuniis ditavit » (p. 106, lig. 23). Crescence ou Crescentius fut pris par l'empereur Othon III en 998 et pendu, du temps du pape Grégoire V ; c'est ce qui est attesté par tous les auteurs contemporains. Par suite de quelles circonstances Foulque Nerra s'est-il trouvé substitué par la légende à l'empereur Othon, et Serge IV à Grégoire V ? Comment cette légende, dont le passage interpolé par le moine Jean nous offre le texte le plus complet, s'est-elle formée ? C'est un point qui reste obscur. La légende n'est qu'en germe dans les récits de Raoul Glaber et d'Adhémar de Chabannais, qui conservent encore à l'empereur Othon le rôle qui lui appartient, mais elle est déjà complète dans l'histoire de l'abbaye de Saint-Florent de Saumur, dont l'auteur, qui écrivait à la fin du douzième siècle, paraît avoir consulté les mêmes sources que le moine Jean.

C'est encore d'un recueil de miracles que notre compilateur a tiré le long fragment sur Ingelger, comte de Gâtinais, qui dans le texte s'étend de la page 40, lig. 3, à la page 45, lig. 17, depuis « Erat quidam Landonensis castri sive Gastinensis pagi consul nomine Gaufridus, » jusqu'à « et terram suam de manu ejus susceperunt. »

La vision de Foulque le Jeune au moment de son départ pour Jérusalem depuis « Idem autem Fulco comes iturus Jerosolimam, » (p. 152, lig. 20), jusqu'à « reverentia deinceps habuit » (p. 153, lig. 22), et l'anecdote rapportée à propos de la construction du monastère de la Trinité de Vendôme depuis « Causa autem ædificationis » (p. 131, lig. 19), jusqu'à « abbatemque consec·ari delegit » (p. 132, lig. 25), ont été empruntées à un recueil du même genre dû à Gautier de Compiègne.

V. Gautier de Compiègne. — Gautier de Compiègne (1) vivait au commencement du douzième siècle, il était par conséquent à peu près contemporain de l'abbé Eudes. Il avait fait profession à Marmoutier et, jusqu'en 1124 au moins, il habita le prieuré de Mayenne, comme l'attestent plusieurs donations faites à cette église (2). Ainsi on le voit figurer comme témoin dans un acte

---

(1) Walterius ou Galterius Compendiensis.

(2) 1105 à 1123. — Accord fait dans l'église de St-Martin de Mayenne entre Guillaume Puel et les religieux de Marmoutier, du temps de l'abbé Guillaume au sujet d'une terre, située près de Mayenne, et confirmé ensuite par les fils dudit Guillaume Puel dans la maison de leur père.. «........ Postea quando filii supradicti Willelmi, Willelmus de Mojon et alter Willelmus minor, hoc concesserunt in domo ejus, affuerunt et viderunt et audierunt Frotmundus prior, et Gualterius Compendiensis, et famuli eorum ; ex parte Willelmi Puel Rainaldus Rufus, Raimmundus Puel, Radulfus Puel, filii Willelmi etc. » — *Archives de Marmoutier*. — ms latin. 12679, fol. 176.

Vers 1120. — « Notum sit quod Guarinus cognomento Probus, per ammonitionem et deprecationem Juhelli, domini Meduanæ, dedit Deo et B. Martino Majoris Monasterii et monachis ejus plateam sive aream domus suæ, quam habebat juxta capellam, in eodem castro, solutam et quietam, ad faciendas ibidem officinas monachorum, videntibus et audientibus Walterio Compendiensi, monacho Majoris Monasterii, et Algerio, cementario et monacho ejusdem loci. . . de laicis, ipso Juhello domino castri, Gaufredo, filio Odonis siniscalco, et Willelmo filio ejus... Guarnerio, filio Bonelli, in cujus domo hoc factum fuit.

Hugo autem de Buslo, alia quidem die et alio loco, id est in camera aulæ domini Juhelli, similiter per ammonitionem et deprecationem ipsius domini, dedit Deo et supradicto sancto et monachis ejus,

par lequel Hildebert, évêque du Mans, confirme en 1120 aux religieux de Marmoutier la possession de l'église de Notre-Dame de Mayenne, donnée par un nommé Robert Paon (1). Lors de la fondation du prieuré de Saint-Martin en Vallée, aux fauxbourgs de Chartres en 1128, Gautier de Compiègne fut choisi pour en être le premier prieur. Il souscrivit en cette qualité, en 1131, une charte de Geoffroi II, évêque de Chartres. On ignore l'époque de sa mort, mais il survécut à l'abbé Garnier, décédé en 1155, et dont il parle dans ses écrits comme n'étant déjà plus.

Gautier a composé un recueil de miracles de la Vierge, qui a été imprimé par le P. Labbe sous le titre fautif de *De miraculis B.*

---

plateam suam solutam et quietam, sitam similiter juxta prædictam capellam, et hoc fecit pro anima sua et parentum suorum. Hoc viderunt et audierunt Willelmus de Ossello, prior Meduanæ, et Walterius Compendiensis, ambo monachi Majoris Monasterii, Achardus monachus de Lonleio, ipse Juhellus, dominus Meduanæ, Mauricius de Gorram, Osmundus Piscis. » — *Archives de Marmoutier*, ms. latin 12679, fol. 177.

(1) Confirmation faite par Hildebert, évêque du Mans, de la donation de Robert Paon.... « Quapropter ego Hildebertus, Dei gratia Cenomannorum episcopus, cujusdam clerici nostri, Roberti scilicet cognomento Pavonis, petitionem..., impetratione decrevi. Iste quidem Robertus habebat et possidebat ecclesiam Sanctæ Mariæ parrochialem, in burgo castri Meduanæ sitam, pro qua timens periculum animarum tam suæ quam sibi succedentium...... recognoscens autem hujusmodi donum non debere fieri, nisi per concessionem pontificalem et auctoritatem, nostram adiit præsentiam humiliter, comitante sibi Herveo monachorum capellano... petens.... ut ecclesiam illam prædictis fratribus et loco concederem.... tradens igitur ipse eam per quemdam cultellum in manu mea et dimittens.... dedi et concessi eam B. Martino Majoris Monasterii et fratribus ejusdem loci, revestiens eos per prædictum cultellum, quem in manu domni Fromundi, prioris, posui.... quod donum nostri sigilli munitione firmare decrevi, ut ratum in perpetuum servaretur. Acta sunt hæc anno ab incarnatione Domini MCXX, indictione XIII, epacta XVIII, anno episcopatus domni Hildeberti XXIIII. Testibus istis: ipso domno Hildeberto episcopo, Pagano decano, Fulcherio archidiacono, Herveo capellano; de monachis, Fromundo priore, Petro Laidez, Johanne Vivenaii priore, Gualterio Compendiensi, Guillelmo Meduanæ priore. » — *Archives de Marmoutier*, ms. latin 12679, fol. 158.

Mariæ Virginis, auctore Gauterio monacho Cluniacensi. Gautier de Compiègne en effet n'a jamais été moine de Cluni, mais la preuve que ce recueil est bien son œuvre se tire du texte même qui décèle un auteur ayant vécu à Tours et qui écrivait à Chartres. C'est d'ailleurs à un chanoine de Saint-Venant de Tours que l'ouvrage est dédié, et les miracles de la Vierge qui y sont rapportés concernent tous l'église de Chartres.

Il avait aussi écrit un recueil des Miracles de saint Martin, dont il ne reste qu'un fragment publié par Mabillon dans le tome IX des *Acta sanctorum ord. Sti Benedicti*, sous le faux titre de *De rebus gestis in Majori Monasterio, sæculo XI;* c'est dans ce fragment qu'on retrouve la vision de Foulque, comte d'Anjou, copiée mot à mot par le moine Jean. Les Miracles de saint Martin ont été écrits entre les années 1140 et 1155, du temps de l'abbé Garnier.

VI. La mention de la fondation du chapitre de Saint-Laud d'Angers (p. 131, lig. dernière), « Hic et bona ecclesiæ Sancti Laudi, » jusqu'à « in eadem ecclesia » et celle relative à Eudes, abbé d'Estrée et premier abbé de Beaulieu (p. 98, lig. dernière), depuis « Ædificatis igitur, » jusqu'à « concordia fratrum et amor proximorum » (p. 100, lig. 18), ont été tirées d'ouvrages de meilleur aloi.

On ne peut en dire autant des mentions de sépulture dans l'église de Saint-Martin de Tours que Jean a ajoutées au texte de ses prédécesseurs, savoir celle d'Ingelger (p. 63), de Foulque le Roux (p. 67), de Foulque le Bon avec le récit de sa mort (p. 75), de Geoffroi Grisegonelle (p. 87), et de Maurice (p. 89). Nous l'avons vu, la rédaction primitive ne contient aucune de ces mentions de sépulture, ce qui s'accorde avec la chronique attribuée à Foulque Rechin, qui affirme ne pas savoir où les premiers ancêtres des comtes d'Anjou ont été enterrés. Thomas de Loches avait déjà voulu combler cette lacune en partie, et il avait fait reposer Geoffroi Grisegonelle et Maurice dans l'abbaye de Saint-Aubin d'Angers. Jean a supprimé ces deux mentions, et il place dans l'église de Saint-Martin de Tours les tombeaux de ceux qu'il regarde comme les cinq premiers comtes d'Anjou.

VII. Manuscrits de la rédaction du moine Jean. Le manuscrit latin 6005 est une copie assez défectueuse faite sur papier au dix-septième siècle, d'après un manuscrit plus ancien qui appartenait à l'abbaye de Toussaints d'Angers, il renferme la compilation des *Gesta consulum* du moine Jean et l'histoire de Geoffroi le Bel du même auteur. Le texte de cette rédaction des *Gesta* est semblable à celui imprimé par d'Achéry. On trouve après la préface, dédiée à Henri II par « J. frater Majoris Monasterii, » le sommaire en quinze chapitres, puis la compilation proprement dite commençant par « Fuit vir quidam de Armorica Gallia, » etc. Cette copie n'a pas été terminée, mais trois feuillets et demi de papier blanc ont été laissés par le copiste ; ils étaient destinés à recevoir la fin de la chronique. On trouve ensuite l'Histoire de Geoffroi le Bel en deux livres, et à la fin on lit l'épilogue suivant, dû vraisemblablement à l'écrivain du manuscrit qui a servi à faire la copie du manuscrit 6005 :

Hic liber est scriptus,
Qui scripsit sit benedictus,
Explicit expliceat.
Ludere scriptor eat,
Johannes Furic
Brito scripsit hic,
Et quod scripsit
Minime intellexit.
Non Vere.

Le manuscrit latin 12872 sur papier est aussi une copie du dix-septième siècle. Il ne diffère pas pour le texte du précédent.

Il y avait dans la bibliothèque d'Alex. Petau un manuscrit de la rédaction du moine Jean. C'était probablement celui qui est aujourd'hui à Rome, n° 599 du fonds de la reine de Suède. Duchesne avait commencé la copie de ce manuscrit. Son travail qui se trouve dans le volume 46 des *Mélanges Colbert* (f. 490 à 497), comprend tout le prooemium et le sommaire, en tête duquel on lit : « *Sequitur summarium gestorum præsentium chronicorum*, » plus l'article d'Ingelger tel qu'il a été imprimé par d'Achéry et dans cette édition. En marge de sa copie, Duchesne a écrit : « Ex cod. Alex. Petau et simili domini de la Grilière, filii locumtenentis generalis apud Aurelianos. »

Dans la seconde partie du tome XXI de dom Housseau (p. 14 à 17) se trouve aussi une copie de la rédaction du moine Jean. Le texte qu'elle renferme est semblable à celui des manuscrits précédents, mais on ne lit point en tête le nom du moine Jean, cela tient à ce que le copiste en écrivant «J. frater Majoris Monasterii humillimus monachorum,» etc., avait oublié la lettre J. En tête est écrit: «Extrait du chartulaire de l'église collégiale de Saint-Laud d'Angers, au 15e feuillet recto duquel commence l'histoire des comtes d'Anjou, dédiée à Henri IIe du nom, roi d'Angleterre, par un moine de l'abbaye de Marmoutier.»

Goussainville avait eu entre les mains un manuscrit renfermant la rédaction du moine Jean, qui lui avait été prêté par l'abbé de Maroles et qui provenait vraisemblablement de l'abbaye de Villeloin. Dans ce manuscrit le nom de Jean se trouvait en toutes lettres.

II. HISTOIRE DE GEOFFROI LE BEL. — *Historia Gaufredi comitis Andegavorum.*

I. Jean de Marmoutier a aussi écrit l'histoire de Geoffroi V, dit le Bel, comte d'Anjou et duc de Normandie, ouvrage dans lequel on trouve des renseignements précieux, mais qui manque de plan et de méthode, et qui porte la trace d'altérations évidentes. Le défaut de manuscrits anciens ne permet pas malheureusement à la critique d'en soumettre le texte à un examen sévère. Telle qu'elle nous est parvenue, cette histoire, précédée d'un prologue, est divisée en deux livres, mais nous croyons que dans l'origine l'œuvre du moine Jean se bornait au livre premier moins le dernier alinéa, qui a été ajouté après coup.

Nous nous appuyons pour justifier cette opinion sur les différences de style et de plan qui existent entre les deux parties. Dans la première, l'auteur prend son héros au moment de son mariage en 1129, avec Mathilde, fille d'Henri Ier, roi d'Angleterre, et le conduit jusqu'à sa mort, arrivée en 1151. Son récit n'est pas une histoire proprement dite, c'est un recueil d'anecdotes et d'historiettes détachées, qui n'a d'autre lien que l'ordre chronologique, observé tant bien que mal. On reconnaît là le procédé littéraire employé déjà par le moine Jean dans sa rédaction des Gestes des comtes d'Anjou et qui consiste à coudre les unes aux autres des anecdotes empruntées de toutes mains et aux sources les plus diverses.

L'auteur a dédié son œuvre à Guillaume de Passavant, qui a été évêque du Mans, depuis 1142 jusqu'au 27 janvier 1186 ; il prétend que, bien qu'il ait déjà écrit l'histoire de plusieurs princes (il veut parler des *Gesta*), c'est avec un amour tout particulier qu'il s'est occupé de celle-ci, consultant tous ceux qui avaient pu être témoins de la vie et des actions du comte Geoffroi ; et parmi les personnes qui avaient particulièrement vécu dans l'intimité de ce prince et dont il avait interrogé les souvenirs, il cite Mathieu, doyen de l'église d'Angers, Enjuger, seigneur de Bohon, Jourdain Tesson, Osbert de la Heuze, Rainaud le Rouge et Goufier de Bruyère.

II. Mathieu a été doyen de l'église d'Angers de 1162 à 1177. Enjuger, seigneur de Bohon, mourut vers 1180. Il est cité, avec Alexandre son frère, parmi les chevaliers qui aidèrent Geoffroi Plantagenet à conquérir la Normandie. Lorsque ce prince, en 1135, se fut emparé d'Argentan et de Domfront, c'est à Enjuger de Bohon et à son frère qu'il confia la garde de ces deux places. Enjuger était possesseur d'une histoire, qui contenait à ce qu'il paraît, le récit des événements auxquels il s'était trouvé mêlé ; il mourut vers 1180.

Jourdain Tesson, seigneur de Saint-Sauveur-le-Vicomte, était l'un des plus riches barons de la Normandie. Son nom a été mêlé aux principaux événements de l'histoire de ce pays pendant une période d'environ trente années. Dans la guerre de succession qui s'éleva à la mort de Henri Ier, Jourdain prit d'abord parti pour Étienne de Blois et défendit le château de Cherbourg, assiégé par Geoffroi Plantagenet, mais il ne tarda pas à reconnaître l'autorité de ce dernier prince. En 1173, Jourdain Tesson fut l'un des chefs de l'armée que Henri II opposa à Louis le Jeune, qui était venu assiéger Verneuil. C'était l'un des courtisans qui accompagnaient le plus habituellement le roi d'Angleterre, et il serait trop long d'indiquer toutes les chartes de Henri II, dans lesquelles Jourdain Tesson intervient comme témoin. Il mourut en 1178 (1).

---

(1) Nous empruntons ces renseignements à l'excellente biographie que notre confrère M. Léopold Delisle a tracée de ce personnage dans son *Histoire du château et des sires de Saint Sauveur-le-Vicomte*, Valognes, 1867, 1 vol. in-8.

Osbert de la Heuze était bailli de Henri II en Normandie. Il vivait encore en 1180.

III. C'est à cette époque (vers 1180), où la plupart des personnages, que le moine Jean avait consultés n'existaient plus ou allaient disparaître, que nous fixons la date de la rédaction du premier livre de l'histoire de Geoffroi le Bel, qui, par lui-même, si on en retranche le dernier alinéa, forme avec la préface un tout complet. A cette époque, Guillaume de Passavant était encore en vie, et Jean pouvait, comme il l'a fait, lui dédier son œuvre.

IV. Plus tard, toujours fidèle à son procédé favori, le moine de Marmoutier éprouva le besoin de retoucher son œuvre, ou du moins de l'augmenter. C'est alors qu'il composa le second livre et qu'il intercala, à la fin du premier, l'alinéa relatif à la sépulture de Geoffroi le Bel.

Ce second livre est incomplet et rien n'indique qu'il ait jamais été terminé ; il est entièrement consacré au récit des guerres qui eurent lieu en Normandie et en Angleterre après la mort du roi d'Angleterre Henri Ier entre Étienne de Blois et Geoffroi Plantagenet, depuis l'année 1135 jusqu'en 1143. Une partie des événements qui y sont racontés ont déjà été mentionnés dans le livre premier. Comme style et comme plan, cette seconde partie est infiniment supérieure à la première. Ce n'est plus un recueil d'anecdotes détachées qui n'ont entre elles d'autre lien que le personnage auquel elles se rapportent. C'est une narration suivie, écrite par une personne parfaitement au courant des événements qu'elle raconte et qui ne s'écarte pas du but qu'elle s'est proposé ; ce qui tendrait à faire croire que le moine Jean n'est pas l'auteur de cette seconde partie et qu'il n'a fait ici que copier la narration d'un autre (1). Cette conjecture se change en certitude lorsqu'on

(1) Nous avions cru longtemps que cette relation pouvait être attribuée à Enjuger de Bohon. Lorsque le moine Jean parle des personnes qu'il a interrogées comme ayant vécu dans l'intimité du comte Geoffroi et qui lui ont fourni des renseignements sur ce prince, il s'exprime ainsi : « De virtute et actibus principis Andegavorum et ducis Normannorum Gaufredi Matheus, Andegavensis decanus, nos docuit, Ingengerius de Bohon nobis legit, Jordanus Tesson nos monuit.... » « *Nobis legit*, » Enjuger de Bohon possédait donc une histoire de Geoffroi le Bel,

jette les yeux sur la fin du second livre. La narration copiée devait s'arrêter avec les premières lignes de la page 310 : « Sic igitur rex Dei justicia miserabiliter captus, Dei miscricordia miserabiliter liberatus est. » Mais dans la pensée du moine Jean, là ne devait point se terminer le second livre. Il commence un nouveau chapitre en reproduisant mot pour mot quatre lignes qui se lisent à la page 301 : « Facta est longa concertatio inter Stephanum pseudo-regem et Gaufridum Andegavorum consulum, » et il les fait suivre d'une phrase dont on ne peut lui dénier la paternité, pleine de métaphores et d'expressions poétiques. Mais sans doute le moine Jean s'était trop fié à son inspiration, parti de trop haut, le souffle lui a manqué avant d'arriver, et sa phrase n'a jamais été terminée. C'est après la mort de Guillaume de Passavant, entre 1186 et 1190, que nous fixons l'époque de ce remaniement dont l'auteur profita pour ajouter à la fin du livre premier le passage où il parle de cet évêque du Mans comme d'un homme qui n'existait déjà plus.

---

dont il ne fit que donner lecture au moine Jean. Or le second livre de l'histoire de Geoffroi le Bel renferme précisément le récit des événements auxquels Enjuger de Bohon, qui fut un des principaux capitaines de Geoffroi le Bel et qui prit une part active aux guerres de Normandie, s'est trouvé mêlé. Son frère Alexandre fut plus particulièrement attaché au service de la comtesse Mathilde. (On lit dans une charte de 1138 pour St-Florent de Saumur passée au Mans : « testibus. . . . . . Alexandro de Boum, cohortis comitissæ primipilo. » *Livre d'argent*, fol. 33). Il accompagna cette princesse dans son expédition en Angleterre. Enjuger devait donc bien connaître les événements qui ont suivi la mort du roi Henri Ier, événements dont le livre II nous fait connaître le détail. N'était-il pas naturel de penser que ce second livre, qui manifestement a été ajouté après coup, n'était autre chose que l'histoire possédée par Enjuger de Bohon et dont il pouvait être l'auteur. Telle était notre hypothèse, lorsque notre savant confrère, M. Léopold Delisle, nous fit remarquer qu'une partie de ce second livre, depuis « Stephanus... fugavit Nigellum episcopum Eliensem » (p. 301, lig. 23 et 25) jusqu'à « miserabiliter liberatus est » (p. 310, lig. 1), était la reproduction presque littérale d'une partie du VIIIe livre de la chronique d'Henri de Huntington. Nous devons ajouter qu'un ou deux passages du premier livre, celui entre autres où est rapportée la manière dont fut conservé et enterré le corps d'Henri Ier (p. 279 et 280), ont ététirés du même auteur.

V. L'Histoire de Geoffroi le Bel a été publiée pour la première fois par Laurent Bochel, à la suite de l'Histoire ecclésiastique de Grégoire de Tours imprimée en 1610. Nous ne possédons que deux manuscrits de cet ouvrage ; l'un est la copie faite au dix-septième siècle et renfermée dans le ms. latin 6005, dont nous avons déjà donné la description. Le second est un manuscrit qui provient de la bibliothèque de Saint-Victor de Paris ; il porte aujourd'hui à la Bibliothèque nationale le nº 15067 du fonds latin ; mais ce manuscrit, qui est du quatorzième siècle, ne contient qu'un fragment peu étendu de la vie du comte Geoffroi.

III. LE LIVRE DE LA CONSTRUCTION DU CHATEAU D'AMBOISE ET L'HISTOIRE DES SEIGNEURS D'AMBOISE. — *Liber de compositione castri Ambasiæ et ipsius dominorum gesta.*

I. Si on s'en rapportait aux manuscrits qui nous ont conservé le texte des *Gesta dominorum Ambaziensium*, il faudrait considérer cet ouvrage comme une suite des *Gesta consulum Andegavorum*, auxquels il a été joint ; mais ces ouvrages sont parfaitement distincts. Nous avons déjà donné les raisons qui nous ont fait attribuer la confusion qui existe à cet égard dans les manuscrits à Robin et à le Breton d'Amboise. Ces auteurs ayant rattaché le *Liber de compositione castri Ambaziæ* à la chronique abrégée des rois de France, qui précédait la première rédaction des *Gesta consulum*, l'ont ainsi séparé des *Gesta dominorum Ambaziensium* dont il formait la préface naturelle.

Que ces deux ouvrages émanent du même auteur, que l'un ne soit que la préface de l'autre, c'est ce qui ne saurait faire de doute. Dans un court prologue placé en tête du *Liber de compositione*, l'auteur s'adressant à une personne, qu'il ne nomme pas, à un ami, dit que cet ami, lui ayant souvent demandé d'écrire l'histoire des seigneurs d'Amboise, il se rend à sa prière, mais qu'auparavant il veut rapporter ce qu'il a trouvé dans les livres et dans les *Gesta* au sujet de l'origine et de la fondation du château d'Amboise, « Sæpenumero postulavisti ut Ambaziensium dominorum progenies litteris tibi significaretur,» etc. Cette demande d'un ami qui voulait connaître l'histoire des seigneurs d'Amboise est rappelée en termes presque identiques en tête des *Gesta*. « Olim tibi, dilecte mi, quod quæris scribere concupiscebam, sed nec quidem maxime impellor, cum casus Supplicii et filiorum suorum me angit, » etc. A ces preuves tirées du contexte des deux ouvrages viennent s'en ajouter d'autres tirées de la disposition des manuscrits. Dans les manuscrits 6006 et 6218, on lit en tête du liber la rubrique suivante : « *Liber de compositione castri Ambaziæ et ipsius dominorum Gesta*. Il est donc certain que le *Liber de compositione* précédait les *Gesta dominorum Ambaziensium*, dont il formait l'introduction, et que ces deux ouvrages ont été écrits par le même auteur.

Le nom de cet auteur est resté inconnu, mais il n'est pas difficile de voir que c'était un moine de Pontlevoy, abbaye placée sous le patronage des seigneurs d'Amboise et enrichie de leurs dons : il suffirait pour l'attester de remarquer le soin tout particulier que prend l'auteur de nommer les membres de cette famille, qui ont reçu la sépulture dans cette abbaye. D'ailleurs, en marge du manuscrit 6006, à la suite du titre *Gesta Ambaziensium dominorum*, on a ajouté d'une écriture plus récente, mais déjà ancienne *et de constructione abbacie Pontileviensis et quorumdam membrorum suorum*.

C'est en 1154, après la mort de Sulpice, seigneur d'Amboise, que les *Gesta dominorum Ambaziensium* ont été rédigés ; le *Liber de compositione* avait été écrit quelques années auparavant. Comme écrivain, l'auteur possède un talent réel ; comme narrateur, il est d'une exactitude qui ne laisse rien à désirer. Les *Gesta*, œuvre qui lui appartient en propre, offrent un des tableaux les plus curieux de la société féodale du onzième et du douzième siècle. Sous le rapport des détails et de l'abondance des renseignements, leur valeur est de beaucoup supérieure à celle des *Gesta consulum Andegavorum*.

II. On ne saurait accorder les mêmes éloges au *Liber de compositione castri Ambaziæ*. Comme source historique, cet ouvrage n'a pas d'intérêt et il n'en offre guère davantage au point de vue littéraire. C'est un recueil de récits légendaires et de traditions populaires, assemblés sans critique, et qui ont la prétention d'expliquer l'origine d'un certain nombre de villes et de châteaux dont nos aïeux ne connaissaient pas l'histoire. Ces récits, du reste, n'ont pas été inventés par le moine de Pontlevoy, ils existaient avant lui ; l'auteur avoue lui-même que c'est à l'aide des renseignements qu'il a trouvés dans différents écrits et dans les *Gesta* qu'il a composé son livre. Par ces *Gesta*, il faut entendre probablement un de ces recueils de légendes, connus sous le nom de *Gesta Romanorum*, qui variaient selon les temps et les lieux, à une époque où l'on mettait sur le compte des Romains tous les événements qu'on ne pouvait expliquer et les monuments dont on ignorait l'origine.

Nous pouvons du reste juger du procédé employé par le moine de Pontlevoy et de la part qui lui revient dans la rédaction du *Liber de compositione*, puisque nous possédons le thème primitif qui a dû lui servir de base.

Dans le volume XLVI des *Mélanges de Colbert*, parmi les papiers de Duchesne, se trouve une copie, faite sur un manuscrit de la collégiale de Loches, d'un ouvrage écrit en 1138 ou 1140 au plus tard, par conséquent, avant l'époque où le moine de Pontlevoy composait le sien. Il est intitulé : « *De constructione aliquorum oppidorum seu castrorum Turonicæ regionis, et nonnullarum partium vicinarum et primo de constructione Ambaziæ.* Il renferme les mêmes matières que le *Liber de compositione castri Ambaziæ*, moins l'histoire abrégée des rois de France ajoutée par Robin et le Breton d'Amboise. Les faits y sont rapportés dans le même sens, mais d'une manière beaucoup plus concise. L'ouvrage est divisé en chapitres. En tête de chacun se trouve une rubrique qui en indique le sujet. Nous donnerons ici la table de ces rubriques avec les *incipit* des chapitres pour permettre au lecteur de faire la comparaison entre ce texte primitif et le *Liber de compositione*.

Et primo de constructione castri Ambaziæ.

« Julius Cæsar ad subjugandas Gallias veniens, transcensis Alpibus, ab Allobrogibus honorifice susceptus est ; regio, quæ Moriana nunc dicitur, ab Alpibus usque ad Ararim fluvium Allobrogia antiquitus dicebatur. Cæsar itaque Lugdunensem urbem et Viennam et totam gentem Rhodanisam subjugavit, » etc.

De castello Duni.

« Ipso tempore Dunus, unus ex ducibus Germanis, oppidum ex nomine suo Castellum Duni nuncupatum construxit. »

Germania olim quæ diceretur.

« Omni terra e fluvio Ligeris usque Coloniam olim Germania vocabatur. »

Quo tempore in Armoricam Britanni transmigraverunt.

« Eodem tempore quidam juvenis de Britannia nomine Maximus. »

De Arturo rege Britanniæ et castro Caynonis.

« Arturus magnus rex Britanniæ Neustriæ appulit, Parisius « obsedit. »

« Cheudon comes Andegavis oppidum, quod ex suo nomine « Cheudonem dixit... construxit. »

Bliriaci vici constructio.

« Iste cuidam consobrino suo nomine Billeio Ambaziacum tribuit. »

Augustudunense prælium inter Arturum et Honorium.

« Arturus autem impetu et stultitia Galgani nepotis sui... »

De castello Blesi.

« Interea Commodus quidam juvenis de Britannia... »

De Arturo prædicto et ejus morte.

« Arturus, relicto magno apparatu, causa eundi Romam... »

De Alarico rege Gothorum.

« Sub eodem fere tempore, Alaricus rex Gothorum Romam « obtinuit. . »

De monasterio Villalupensi.

« Per idem tempus Billeius Lupam genuit, dominam Ambaziæ.. »

Huni Galliam vastant.

« Eo tempore Huni Galliam vastant, urbem Metis incendunt... »

De beatissimo Urso abbate et ejus miraculo contra Silarium.

« Eodem quoque tempore, Merovecus Tursodomum in Burgundia devictum... »

De pace apud Blericum inter Chilpericum regem Franciæ et Alaricum regem Gothorum.

« Chilpericus, rex Francorum, et Alaricus, rex Gothorum, in « insula.... »

De itinere Ludovici regis Francorum Hierusalem.

L'époque où a été rédigé cet opuscule est fixée par les événements racontés dans ce dernier chapitre, qui a été sensiblement modifié par le moine de Pontlevoy et séparé du reste du *Liber de compositione* par Robin et le Breton d'Amboise pour être rejeté tout à la fin de leur compilation.

Voici un extrait de ce chapitre :

« Anno Verbi incarnati MCVII Ludovicus Pinguis, filius Philippi.... quo mortuo patrem ejus Ludovicum in regem substituit, qui, mortuo apud S. Jacobum Guillermo Pictaviensi comite, filiam ejus Alienordim uxorem duxit. »

« Anno itaque verbi incarnati MCXXXVII Hierosolymam pergens, innumeros ex suis amisit, similiter et Conradus imperator Alemanniæ. Hujus via peregrinationis incœpta est, Eugenio papa et Bernardo abbate Clarevallensi prædicantibus.... de quorum itinere plura loqui pertimesco, quoniam Sarracenis fuit gaudium, christianis proh dolor exitium. »

III. Les *Gesta dominorum Ambaziensium* se trouvent dans les mêmes manuscrits que les *Gesta consulum Andegavorum*, et, comme nous avons déjà décrit ces manuscrits, nous ne ferons que donner ici les numéros de ceux que nous avons consultés. Ils portent à la Bibliothèque nationale les numéros 6006, 6218, 6219, 10045 et 13897 du fonds latin. Cet ouvrage a été imprimé par dom Luc d'Achéry, dans son *Spicilegium*, première édition, tome X, p. 551, et deuxième édition, tome III, p. 275. Il a été reproduit dans la collection des historiens de France, tome X, p. 258, XI, 256, et XII, 504.

IV. HISTOIRE DES COMTES D'ANJOU, PAR FOULQUE RECHIN. — *Historiæ Andegavensis fragmentum, a Fulcone comite scriptum.*

I. D'Achéry considérait le fragment historique qui porte le nom de Foulque Rechin comme la source de toutes les chroniques d'Anjou, il y attachait une grande importance à cause du nom de l'auteur, « propter nobilitatem scriptoris et auctoritatem. » Pour son édition il s'était servi d'une copie fournie par l'abbé de Marolles, qui la tenait de Duchesne. Ce dernier l'avait prise sur le manuscrit unique, qui appartenait alors à Alex. Petau et qui aujourd'hui fait partie du fonds de la reine de Suède au Vatican. D'Achéry regrettait de n'avoir pu consulter ce manuscrit, la copie de l'abbé de Marolles étant incomplète, mais le manuscrit du Vatican est incomplet lui-même et ne va pas plus loin que la copie.

Faut-il attacher autant d'importance à ce fragment que le pensait d'Achéry? Son authenticité est-elle incontestable? C'est ce qu'on est en droit de se demander quand on examine avec attention ce texte, où abondent les anachronismes et les assertions erronées. C'est en 1096, trente-six ans après la mort de Geoffroi Martel, que Foulque Rechin entreprit d'écrire l'histoire de ses prédécesseurs et la sienne, c'est du moins ce qu'il dit en tête de l'ouvrage. Il y a lieu tout d'abord de révoquer en doute cette première affirmation de l'auteur. Dans le récit qu'il fait de la première croisade il rapporte des faits, qui se sont passés en 1098 et même en 1100, par exemple la prise d'Antioche et les événements qui ont suivi cette prise. Ce n'est donc que dans les premières années du douzième siècle, à peu près vers l'époque où l'abbé Eudes terminait la première rédaction des *Gesta consulum Andegavorum*, que l'ouvrage a pu être écrit. Constatons, du reste, que ce fragment n'a été connu ni de l'abbé Eudes, ni d'aucun autre écrivain du temps.

II. L'auteur se montre bien mal renseigné sur l'histoire des premiers comtes d'Anjou, il avoue qu'il ne sait rien d'Ingelger, de Foulque le Roux, ni de Foulque le Bon, pas même le lieu de leur sépulture; aussi n'en parlera-t-il pas. Il ne connaît pas mieux l'histoire de Geoffroi Grisegonelle, il attribue à ce prince deux batailles qu'il ne paraît pas avoir données, car elles ne sont mentionnées par aucun autre auteur et les circonstances dont elles sont accompagnées ne les rendent pas possibles.

Ainsi Geoffroi aurait battu les Bretons, qui s'étaient avancés jusqu'à Angers, sous la conduite des fils de Conan, mais Conan fut tué en 992 à la bataille de Conquereux, gagnée par Foulque Nerra, et ses fils n'étaient pas les contemporains de Geoffroi Grisegonelle mort en 987. Ce prince se serait ensuite rendu maître de Loudun en remportant une grande victoire sur les Poitevins, qu'il aurait poursuivis depuis le lieu appelé *Rupes* jusqu'à Mirebeau. Il n'y a à cela qu'une difficulté, c'est qu'alors Mirebeau n'existait pas, cette ville doit son origine à un château fort construit par Foulque Nerra et ne figure pas dans l'histoire avant l'an 1000. D'ailleurs, loin de s'être emparé par force de la ville de Loudun, Geoffroi Grisegonelle tint cette ville en fief et à charge d'hommage du comte de Poitou. C'est ce qu'on lit dans la chronique de St-Maixent et ce qui est confirmé par une lettre de Geoffroi au roi de France pour lui recommander les intérêts de Guillaume, comte de Poitiers, qu'il appelle son seigneur « herus meus. »

L'auteur commet une inexactitude quand il prétend que Foulque Nerra a conquis le Maine et joint ce pays à ses domaines. Foulque fit en effet la guerre à Hugues Ier, comte du Maine, et le contraignit à lui rendre hommage, mais il ne lui enleva pas son comté, et lorsque vers 1014 ou 1015 Hugues vint à mourir, Herbert Éveillechien, son fils, lui succéda sans encombre. C'est même en grande partie à cet allié que Foulque dut, en 1016, la victoire de Pontlevoy; plus tard, il est vrai, ce dernier eut bien l'intention de s'emparer du Maine, ayant attiré dans ce but le comte Herbert au château de Saintes, il le fit prisonnier par surprise et le tint enfermé pendant deux ans, mais la crainte des vassaux du comte Herbert l'empêcha de le mettre à mort et il fut contraint de le relâcher moyennant une forte rançon.

Une charte de St-Aubin d'Angers établit que le château de Durestal a été construit par Geoffroi Martel: c'est à Foulque Nerra que le prétendu Foulque Rechin en attribue la fondation. L'auteur se trompe encore quand il rapporte que Foulque Nerra ne fit que deux voyages à Jérusalem : il est prouvé qu'il en a fait trois.

L'article consacré à Geoffroi Martel renferme moins d'inexactitudes; mais l'auteur en commet de nombreuses quand il arrive à ce qui le concerne, il prétend, par exemple, avoir été huit ans en guerre avec son frère. C'est en 1067, sept ans à peine après la mort de son oncle que par surprise il fit Geoffroi le Barbu prisonnier et s'empara de tous ses domaines. Nous ne lui reprocherons pas d'avoir soutenu que son oncle, après l'avoir armé chevalier à Angers à l'âge de dix sept ans, le fit son héritier, ce mensonge intéressé pouvant s'expliquer par le besoin de justifier son usurpation; mais quand il ajoute qu'avec l'Anjou il a possédé la Touraine, Nantes et le Maine, on ne sait que penser d'une affirmation si contraire à la vérité. Les comtes d'Anjou ne sont devenus les maîtres du Maine qu'en 1111, non par droit de conquête mais par héritage. Est-ce que le fragment historique attribué au Rechin n'aurait été écrit qu'après cette époque? Ce n'est pas impossible, nous ne serions même pas éloigné d'attribuer à cet ouvrage une date encore plus récente. Il y a, entre cette histoire et le traité qui porte le nom de Hugue de Clères, plus d'un point de ressemblance. L'un et l'autre ont été placés sous le couvert de personnages respectables. Le dernier est apocryphe et ne renferme pas un mot de vérité. Si le premier est mieux rédigé, si son auteur, qui vivait au commencement du douzième siècle, est entré plus habilement dans le caractère du personnage qu'il était censé représenter, son œuvre n'en renferme pas moins des erreurs matérielles et des anachronismes, qui suffisent pour déceler la supercherie. Nous croyons donc que le fragment historique qui porte le nôm de Foulque Rechin est, comme le faux Hugue de Clères, l'œuvre d'un imposteur, qui écrivait entre les années 1112 et 1135.

Le manuscrit qui contient le fragment historique du comte Foulque fait partie de la bibliothèque du Vatican (n° 173 du fonds de la reine de Suède). C'est un petit volume de 94 feuillets de parchemin, qui renferme plusieurs ouvrages. L'histoire attribuée à Foulque commence au f° 1er par « Ego Fulco comes » etc., et finit au f° 8 par ces mots « ad misericordiam erga populum. » L'écriture est du douzième siècle.

Cet ouvrage a été imprimé par d'Achéry dans son *Spicilegium*, première édition, tome X, 392, et deuxième édition, III, 232, il a été reproduit dans le *Recueil des Historiens de France*, t. X, 203, XI, 137, et XII, 491.

V. TRAITÉ DE HUGUE DE CLÈRES DE LA MAIRIE ET SÉNÉCHAUSSÉE DE FRANCE ATTRIBUÉES AUX COMTES D'ANJOU. —*Scriptum Hugonis de Cleeriis de majoratu et senescalcia Franciæ comitibus Andegavorum collatis* (1).

Hugue de Clères était un des sénéchaux de Geoffroi Plantagenet et du roi Henri II; ses deux frères, Geoffroi et Foulque sont

(1) Ce fragment est attribué par Potthast (*Bibliotheca historica medii ævi*) à Foulque le Bon, et l'époque de sa rédaction à l'année 1089. C'est une double erreur.

nommés l'un et l'autre dans l'histoire de Geoffroi le Bel; il figure avec le premier dans une charte de 1143, et c'est en 1146 qu'il est appelé pour la première fois sénéchal de la Flèche. Il exerçait encore ces fonctions en 1162 et en 1170.

L'ouvrage intitulé *Scriptum Hugonis de Cleeriis de majoratu et senescalcia Franciæ comitibus Andegavorum collatis*, qui lui est attribué, est divisé en deux parties. La première est donnée par l'auteur comme ayant été trouvée dans les archives de l'église du St-Sépulcre de Loches, c'est-à-dire de Beaulieu, et comme ayant été dictée par Foulque Nerra ou le Jerosolomitain dans le but de constater par écrit que le roi Robert, en récompense des services qu'il en avait reçus dans ses guerres contre l'empereur Othon II, avait donné à Geoffroi Grisegonelle la mairie et la sénéchaussée de France.

Les faits qui sont rapportés dans cette première partie ne supportent pas la discussion. Geoffroi Grisegonelle est mort le 21 juillet 987, il ne pouvait donc être le contemporain du roi Robert. C'est en 978, pendant le règne de Lothaire que l'empereur Othon II s'avança jusqu'à Paris, et il n'était alors question ni du roi Hugue Capet ni de son fils Robert. Le siége de Melun auquel l'auteur veut que Geoffroi Grisegonelle ait pris part n'eut lieu qu'en 1001, alors que ce prince était mort depuis longtemps. Il n'a point existé de comte du Maine du nom de David, et quant au prétendu comte de Corbonnais auquel Geoffroi Grisegonelle aurait enlevé la ville de Mortagne, parce qu'il ne voulait pas reconnaître l'autorité du roi Robert, il suffit de signaler l'anachronisme que renferme cette allégation pour être convaincu que ce personnage n'est pas moins imaginaire que le reste.

Les auteurs de l'*Histoire littéraire* admettent bien que cette première partie est une pièce supposée, mais ils prétendent que la relation de Hugue de Clères, qui vient à la suite, mérite toute notre confiance. Cependant, en affirmant dès le commencement qu'il avait vu et copié dans l'église de Beaulieu le prétendu récit de Foulque Nerra, l'auteur donnait une assez pauvre idée de sa perspicacité, sinon de sa véracité. Ce fait seul devait suffire pour se tenir en garde contre ses autres allégations qui ne sont pas plus acceptables que celles de la première partie.

Hugue de Clères était trop jeune pour exercer des fonctions auprès de Foulque, roi de Jérusalem, avant le départ de celui-ci pour la terre sainte; il n'est pas fait mention de lui dans les chartes avant l'année 1143; il n'a donc pu être chargé par ce prince, en 1119, d'une mission de confiance auprès de Louis le Gros. — D'ailleurs il n'existe aucun titre dans lequel les comtes d'Anjou aient pris la qualité de sénéchal des rois de France, et il est certain qu'il n'est pas fait mention de cette prétention de la maison d'Anjou dans les écrits des chroniqueurs avant le règne de Henri II; c'est à partir de cette époque qu'on en trouve quelque trace dans les historiens anglais, qui en inventant et en propageant cette fable, pensaient servir les intérêts de leurs princes (1). C'est à cet ordre d'idées qu'obéissait le faussaire en écrivant le traité de la sénéchaussée de France et en le plaçant sous l'autorité de Hugue de Clères. En réalité, cet ouvrage n'a pas de valeur historique. Il n'a servi jusqu'ici qu'à embrouiller les faits et à répandre un certain nombre d'erreurs dans l'histoire. La première partie a été intercalée par le moine Jean dans sa rédaction des *Gesta consulum Andegavorum*. Ce qui tendrait à prouver que ce traité aurait été rédigé avant l'année 1168. Comme d'un autre côté l'auteur fait mention du tombeau de Geoffroi le Bel, enterré dans l'église de St-Julien du Mans et mort en 1150, c'est entre ces deux dates qu'il faut fixer l'époque où le traité a été composé.

Il existe à la bibliothèque nationale un manuscrit du traité de Hugue de Clères (ms latin 3839a). Il est écrit à deux colonnes, sur une double feuille de parchemin, qui dans l'origine devait se

(1) Baluze a imprimé dans ses *Miscellanea* (t. IV, p. 486) une lettre de Henri II, qu'il rapporte à l'année 1159, et qui est évidemment une pièce supposée, dont la matière a été tirée du faux Hugue de Clères. Henri II, par cet acte, notifie que par un accord passé à Orléans entre lui et le roi Louis le Jeune la garde de l'abbaye de Saint Julien de Tours lui appartient à raison de sa qualité de grand sénéchal du roi de France. Ce serait le seul acte diplomatique qui pourrait être allégué en faveur des prétentions de la maison d'Anjou, mais il est facile de voir que cette pièce n'est pas authentique. Dutillet et le P. Daniel (*Hist. de la milice française*, l. III, ch. 10), l'ont attribuée à Henri III, et Mabillon (*de Re diplomatica*, p. 605) a imprimé ces lettres avec la date de 1288, qui, dans l'édition de Baluze, est celle de l'expédition prétendue ou vidimus de l'acte donné par le bailli de Tours.

trouver à la fin d'un manuscrit. L'écriture est du douzième siècle et peut très-bien remonter à l'époque où l'ouvrage a été rédigé. C'est d'après ce ms qu'a été faite l'édition de la Société de l'histoire de France.

Cet opuscule a été imprimé plusieurs fois.

Par le P. Sirmond dans ses notes sur les lettres de Geoffroi de Vendôme, p. 98, dans la *Bibliotheca patrum*, t. XXI, p. 116.

Dans Duchesne, *Recueil des Historiens de Fr.*, t. IV, p. 428.

Dans les *Miscellanea de Baluze*, IV, p. 479.

Dans le *Recueil des Historiens de France*, XII, 492.

II.

On a vu par ce qui précède combien est grande la part que les anciens chroniqueurs des comtes d'Anjou ont fait aux fables et à la légende. Aujourd'hui que nous connaissons toutes les interpolations et les remaniements qu'on a fait subir à leurs œuvres, on ne peut accepter leurs allégations sans contrôle. Aussi l'histoire des comtes d'Anjou, telle que nous la retracent les auteurs de l'*Art de vérifier les dates*, et d'après eux la plupart des historiens, est-elle entièrement à refaire.

C'est surtout en ce qui concerne l'histoire des premiers comtes héréditaires d'Anjou, de ceux qu'on a appelés les Ingelgeriens que ce défaut de certitude dans les données historiques, se fait remarquer.

Nous chercherons dans les lignes suivantes à rétablir sous leur véritable face les faits les plus altérés de cette histoire, en signalant tout ce qui doit être rejeté dans le domaine de la fable et en nous appuyant sur les documents diplomatiques toutes les fois qu'ils ne nous feront pas défaut.

Nous prouverons ainsi qu'Ingelger, considéré comme le premier comte d'Anjou, est un personnage imaginaire, inventé par les légendaires, et que Foulque le Roux est le véritable auteur de la première famille des comtes d'Anjou. Nous verrons aussi que les vies de Foulque le Bon, de Geoffroi Grisegonelle et de Foulque Nerra, telles qu'elles ont été écrites, sont loin de s'accorder avec la vérité ; nous terminerons enfin en donnant le résultat de nos recherches sur l'origine de la seconde maison des comtes d'Anjou, celle des vicomtes d'Orléans ou de Gâtinais, qui est la véritable souche des Plantagenets.

I. LE COMTE INGELGER.

Ingelger dont on fixe l'existence entre les années 870 et 888 a toujours été considéré jusqu'ici comme le premier comte hérédiditaire d'Anjou. Ce titre de comte ne lui est accordé cependant que par les chroniqueurs du douzième siècle. Les chartes, d'accord avec les annalistes contemporains du neuvième siècle, mentionnent, pour la période où il est censé avoir vécu, d'autres personnages comme ayant exercé les fonctions de comte en Anjou. Sans remonter à Guérard (1), comte d'Anjou et abbé de Saint-Serge en 846, ni à Eudes, qui en 851 échangea avec l'évêque Dodon quelques terrains qui dépendaient de son domaine et qui étaient situés dans la ville d'Angers le long des murailles (2), les chartes et les Annales nous montrent Robert le Fort (3), comte d'Anjou,

---

(1) Recueil de dom Bouquet, t. VIII, 486.

(2) Voyez dom Housseau, n. 78.

(3) On sait que les opinions diffèrent sur l'origine de Robert le fort. La plus accréditée est celle qui, s'appuyant sur le témoignage de Richer, fait descendre ce prince d'une famille saxonne, mais l'autorité du moine Richer est souvent contestable. Sa chronique contient beaucoup de fables et ne mérite pas en tout une entière confiance. Aussi n'admettons-nous pas comme démontrée cette origine saxonne indiquée par Richer. Nous croyons plutôt que Robert le Fort était de race franque, et que ses ancêtres appartenaient à cette caste d'hommes libres et puissants qui chez les Francs parvint au pouvoir lors de l'avénement de la seconde race. Voici nos raisons :

De nombreux exemples prouvent qu'un usage assez constant de l'administration carlovingienne, était de choisir les gouverneurs de provinces, *comites*, et les commissaires, *missi dominici*, parmi les chefs francs qui possédaient des domaines dans ces provinces, et par suite de confier, aux fils les fonctions exercées par le père. C'est une des causes qui aidèrent puissamment à la constitution de la féodalité.

Il y avait sous Charlemagne un comte de Tours nommé Hugue; il était du nombre des ambassadeurs envoyés en 811 vers l'empereur Nicéphore pour traiter de la paix entre les deux empires (*Ann. Fuld.* Pertz, t. I, 355, et *Ann. Eginhard.* ibid. p. 1:8). Ce comte Hugue avait un fils appelé Berenger, qui en 817 fut nommé par Louis le Débonnaire comte de Toulouse, et qui mourut en 835 (Pertz, t. II, p. 642). Il mourut lui-même avant 822 et fut remplacé par un comte du nom de Robert, *Rotbertus*, cité avec l'évêque Landrand, dans un capitulaire de Louis le Débonnaire de 822. Il était comte de Tours et fut un des *missi* envoyés par l'empereur dans le *missaticum*, composé de Tours, Angers et le Mans. On trouve parmi les lettres d'Eginhard deux mandements de Louis le Débonnaire qui ordonnent à deux de ses officiers

de 861 à 867, Hugues l'Abbé, son successeur, comte d'Anjou et de Touraine de 867 à 886 et Eudes, fils de Robert le Fort, de

---

de retourner à Tours aussitôt qu'ils en auront reçu l'ordre du comte Robert.

Quant à Robert le Fort, c'est en 861 seulement qu'il fut chargé de l'Anjou et de la Touraine. Néanmoins c'est lui probablement et non Robert Ier du nom, qui figure avec Dodon, évêque d'Angers et le comte Osbert, comme commissaire ou missus envoyé en Touraine, Anjou, Maine et pays de Seez en 853 (Pertz, *Leges*, I, 426). Il n'est pas impossible que ce ne soit en qualité de comte de Blois et d'Orléans qu'il exerça ces fonctions. Ce qui est certain, c'est qu'il était comte de Blois en 865, comme le prouve un acte d'échange entre lui et Actard évêque de Nantes, de terrains situés en Blesois, dans le pays d'Averdon et dépendants de ce comté (Pièces justificatives, n° 1).

Remarquons enfin que le nom de Hugue et celui de Robert ont été portés alternativement par les descendants de Robert le Fort pendant plusieurs générations. C'est ce qu'établit le tableau suivant :

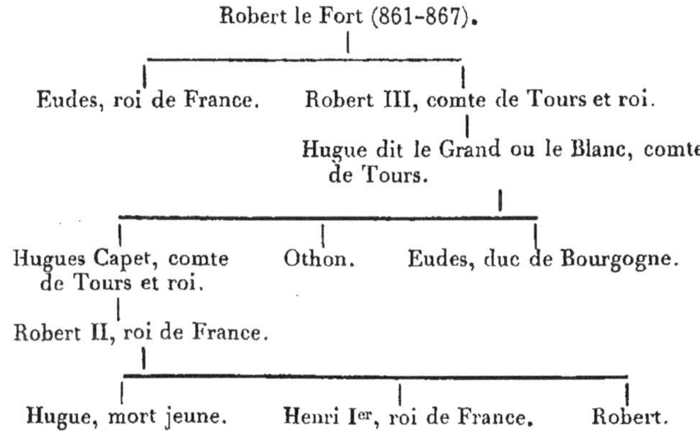

Ne peut-on conclure de tous ces faits, que le comte Hugue qui vivait en 811, Robert, comte de Tours à partir de 822 et Robert le Fort étaient de la même famille et que Robert Ier du nom, fils, peut-être, de Hugue, frère par conséquent de Bérenger comte de Toulouse en 819, était le père de Robert le Fort ou tout au moins son parent très-proche. C'est là une hypothèse qu'une étude attentive des institutions carlovingiennes ne rend pas invraisemblable.

886 à 888 (1). Jamais dans ces actes on ne voit apparaître le nom d'Ingelger.

Pour expliquer le silence de ces documents on a prétendu que l'Anjou était alors partagé en deux parties, qu'il y avait le comté d'en deçà et le comté d'au delà de la Mayenne, et qu'Ingelger ne gouvernait qu'une de ces deux moitiés. C'est, en effet, ce que rapporte l'abbé Eudes, auteur de la première rédaction des *Gesta consulum Andegavorum*. Louis le Bègue, dit-il, donna à Ingelger la moitié du comté d'Anjou, parce qu'alors il y avait un autre comte au delà de la Mayenne. Si le fait était vrai, l'objection n'en subsisterait pas moins; pourquoi les chartes ne citeraient-elles pas Ingelger, comte d'une moitié de l'Anjou, comme elles citent Hugue l'Abbé, qui n'aurait exercé, dit-on, son autorité que sur l'autre moitié ? Mais il est facile de voir qu'en parlant ainsi, l'abbé Eudes a commis un anachronisme; il a fait allusion à une division géographique d'une durée éphémère, créée par Louis le Débonnaire et qui à l'époque dont il parle n'existait déjà plus depuis longtemps. Louis le Débonnaire, voulant mettre empêchement aux incursions que les Bretons faisaient fréquemment dans ses États, institua une marche de Bretagne, dont il confia le commendement au comte Lambert. Cette marche était composée d'une partie du comté de Nantes, de la portion de l'Anjou située au delà de la Mayenne et d'une bande de terre prise sur le Maine du côté où ce pays touchait à la Bretagne. Lambert fut tué en 852 par Gausbert, comte du Maine. La même année Charles le Chauve soumit définitivement les Bretons, et la marche de Bretagne n'ayant plus sa raison d'être, cessa d'exister; Lambert n'eut pas de successeur. C'est le comté d'Anjou tout entier qui fut gouverné par Robert le Fort, Hugue l'Abbé, Eudes et Robert III. L'assertion de l'abbé Eudes et de ceux qui l'ont suivi, contraire aux faits les mieux établis, ne peut donc se soutenir.

On a aussi prétendu qu'Ingelger et ses descendants avaient été institués comtes d'Anjou par les derniers Carlovingiens contre l'autorité des ducs de France, qui d'abord ne furent que de sim-

---

(1) Pour Robert le Fort, voyez la Chronique de Saint-Serge, dans le Recueil des chroniques des églises d'Anjou, publiées par la Société de l'Histoire de France. — Pour Hugues l'Abbé, voyez les *Historiens de France*, t. IX, p. 422 et dom Housseau, n. 109.

ples comtes d'Anjou et de Touraine, et que ceux-ci n'avaient jamais voulu reconnaître les droits de ceux qu'ils considéraient comme des usurpateurs. Ainsi s'expliquerait le silence des chartes à leur égard. Cette opinion s'appuie sur un passage de l'ouvrage qui porte le nom de Foulque Rechin, où on lit qu'Ingelger ne fut pas institué comte d'Anjou par les ancêtres de l'impie Philippe, mais par les descendants du grand Charlemagne. Cette assertion dans la bouche de Foulque Rechin, qui eut tant à se plaindre du roi Philippe, n'aurait rien qui doive nous surprendre, mais elle est contraire aux faits. Les chartes établissent que Foulque le Roux, premier comte héréditaire d'Anjou, était un des hommes ou des fidèles des fils de Robert le Fort : c'est avec le comte Eudes, devenu roi plus tard, qu'il fait sa première apparition en Anjou. Longtemps il ne prit que le titre de vicomte, il figure en cette qualité dans des actes où l'on voit agir Eudes et Robert son frère en qualité de comtes, preuve qu'ils reconnaissaient l'autorité de ces princes. Quelle foi peut-on ajouter d'ailleurs au témoignage du prétendu Foulque Rechin, quand il se reporte à ces temps reculés ? N'a-t-il pas eu le soin de nous dire lui-même qu'il se bornera dans son histoire à raconter les actions de Geoffroi Grisegonelle, de Foulque Nerra et de son fils Geoffroi Martel, parce qu'il ignore celles de ses premiers ancêtres et qu'il ne sait même pas où ceux-ci ont été enterrés.

Il n'y a donc que les écrivains du douzième siècle qui mentionnent le nom d'Ingelger. Un examen rapide des textes, où ce personnage est cité, établira le peu de confiance qu'ils doivent inspirer sur ce point, où ils sont en contradiction formelle avec les documents contemporains.

La grande Chronique de Tours, terminée en 1227, la Chronique abrégée qui porte le même nom, et qui n'en est qu'un résumé, le Traité de l'Éloge de la Touraine, écrit vers l'année 1210, parlent du comte Ingelger, mais ces ouvrages n'ont fait que copier mot pour mot les *Gesta consulum Andegavorum* et le Traité du retour du corps de saint Martin de Bourgogne en Touraine.

Le premier comte d'Anjou qui soit mentionné dans les Chroniques de Saint-Maurice d'Angers, de Saint-Aubin et de l'Évière, est Foulque le Roux. Pas plus que les autres annales angevines, ces Chroniques ne font mention d'Ingelger, et les plus anciens documents où se trouve le nom de ce personnage, ceux où paraissent avoir puisé tous les auteurs sont :

1° La première rédaction des *Gesta consulum Andegavorum*;

2° Le Recueil de miracles composé dans l'origine du faux Odon et du faux Herberne;

3° Un autre Recueil de miracles, aujourd'hui perdu, auquel appartenait le fragment inséré par le moine Jean dans sa compilation des Gestes des comtes d'Anjou.

Nous avons montré ailleurs le peu de cas qu'il fallait faire du faux Odon et du faux Herberne, où les événements, les dates et les noms des personnages sont étrangement défigurés. Rédigé dans le seul but de glorifier les mérites de saint Martin, il n'est pas une des allégations du recueil, dont ces opuscules faisaient partie, qui puisse être acceptée par la critique.

L'ouvrage, auquel le moine Jean a emprunté l'histoire de la comtesse Adèle et d'Ingelger comte de Gâtinais (p. 40, ligne 3, à p. 45, ligne 17), si on en juge par ce fragment, n'avait pas une plus grande valeur. L'anecdote qu'il rapporte n'est qu'une amplification du chapitre consacré par Eudes à l'histoire d'Ingelger (p. 39). On y trouve même des phrases qui ont été copiées littéralement (1). C'est donc en dernière analyse au texte de l'abbé Eudes qu'il faut remonter pour trouver la première mention d'Ingelger comte d'Anjou. Mais nous avons déjà fait remarquer que la chronique des *Gesta* ne méritait pas en tout une confiance absolue. Il existait d'anciennes généalogies des comtes d'Anjou, en grande partie fabuleuses, qui ont été consultées par les différents rédacteurs de cette chronique. Ces généalogies ne s'accordaient point entre elles; celle qui a été copiée par Eudes, par Robin et le Breton d'Amboise faisait deux personnages de Tortulfe et de Tertulle, le premier grand-père et le second père d'Ingelger, tandis que celle dont s'est servi Thomas de Loches n'en faisait qu'un seul, auquel elle donnait Ingelger pour fils. On s'accorde pour regarder ces premiers ancêtres des comtes d'Anjou comme des personnages imaginaires, pourquoi n'en serait-il pas de même d'Ingelger, sur lequel les Chroniques contemporaines et les do-

(1) Mulctatione viri sui et adulterio falso impetitum. Voyez p. 39, ligne 15, et p. 41, ligne 18.

cuments diplomatiques gardent non-seulement le silence le plus absolu, mais s'accordent pour démontrer qu'il ne pouvait exister en qualité de comte d'Anjou.

Prenons donc les allégations des *Gesta consulum* pour ce qu'elles valent et tenons-nous-en sur Ingelger à ce que nous apprend la charte de Foulque le Roux de 929, savoir, qu'il était le père de ce dernier, et que le premier comte héréditaire d'Anjou est Foulque le Roux. C'est ce qui sera plus amplement démontré dans le chapitre suivant.

II. FOULQUE LE ROUX PREMIER COMTE HÉRÉDITAIRE D'ANJOU (886-941).

Le premier acte où se trouve le nom de Foulque le Roux est une charte donnée à Tours en 886, par le comte Eudes fils de Robert le Fort, l'année même où ce prince succéda dans le duché de France à Hugue l'Abbé. Cet acte (1), par lequel le nouvel abbé de Saint-Martin rend aux chanoines de cette église les biens qu'ils possédaient en Italie et qui avaient été usurpés par ses pré-

(1) In nomine summi salvatoris Dei. Ego Odo, misericordia Dei comes, et pietate Dei abbas congregationis Sancti Martini. Notum fieri volumus.... quoniam congruum atque oportunum visum nobis fuit, ut .... reddimus domno Martino suisque canonicis quasdam villas, sitas in Italia, Solarium videlicet et vallem Caumoniam... quas villas dederat olim gloriosissimus imperator augustus, magnus Karolus, Deo et gloriosissimo patrono sancto Martino, etc.

Ego Odo comes et abba hanc auctoritatis cartam a me factam recognovi et annotavi.

Ego Adalaldus archiepiscopus subscripsi.

Signum Ademari comitis, signum Attonis, signum Alberici, signum Armenterii, signum Guarnegaudi, signum Archarii, signum item Attonis, signum Guandalberti, signum Guanilonis, signum Fulconis, signum Gauzfredi. Data in mense Aprili, anno VI in Italia, et in Francia IV, et in Gallia II regnante serenissimo et piissimo imperatore Karolo. Actum Turonis, monasterio, anno I Odone abbate. Voir la charte entière, Invasions normandes dans la Loire, pièces justif. n. V. *Biblioth. de l'école des chartes*, t. XXX.

décesseurs, est signée d'Alaud, archevêque de Tours, d'Adhémar, fils d'Emenon, qui sept ans plus tard devait s'emparer sur le jeune Èble du comté de Poitiers, d'Atton vicomte de Tours, de Guarnegaud vicomte de Blois et de Foulque, qui ne prend encore aucune qualité, mais qui probablement dès cette époque exerçait déjà les fonctions de vicomte en Anjou. Foulque assista à un jugement rendu à Tours dans la cité le 22 mars 891 ou 892 en faveur des chanoines de Saint-Martin contre un nommé Ricbert (1) qui avait maltraité les serfs de quelques domaines situés à Suêvre, que l'archevêque Alaud lui avait concédés en précaire. Il signa en qualité de vicomte l'acte de donation (2) qu'Atton, deuxième de nom, fils d'Atton Ier, vicomte de Tours, fit aux chanoines de Saint-Martin, le jour où ceux-ci enterrèrent son frère Ardradus dans leur basilique (29 septembre 898). On le voit figurer encore l'année suivante en qualité de vicomte (22 mai 899) dans l'acte de restitution de la celle de Saint-Clément, faite au chapitre de Saint-Martin par Robert frère du roi Eudes. La charte d'abord passée à Blois, puis confirmée à Tours, est également signée de Guarnegaud vicomte de Blois et d'Atton vicomte de Tours (3).

---

(1) Notitia qualiter et quemadmodum grex beati Martini, domnus scilicet Gauzuinus decanus sive villæ Pseudoforensis prepositus atque sacerdos, Berno quoque levita et archiclavis, etc.

Signum sanctæ crucis domni Rotberti, rerum Sancti Martini abbatis, signum Guarnegaudi vicecomitis, signum Burchardi comitis, signum Fulconis, signum Ardradi vicecomitis, signum Fulchradi, signum Gualtarii, signum Ebali vicarii, etc. Data est autem hæc notitia XI kal. aprilis, in civitate Turonis, anno III Odone regnante pacifico rege. Voyez la charte entière, *Gallia christiana*, t. XIV.

(2) Pièces justificatives, nº XI.

(3) Nos siquidem Rotbertus, gratia ejusdem omnipotentis Dei gregis Sancti Martini abbas sed et comes, etc.

Signum sanctæ crucis domni Rotberti abbatis, qui hoc voluntarie adimplevit. Signum Aimoni abbatis, signum Attonis vicecomitis, signum Guarnegaudi vicecomitis, signum Fulconis vicecomitis, etc. Acta est hujus restitutionis auctoritas, XI kalendas junii, firmata in castello Blesensi et subterdatata Turonis, regnante domno Karolo rege anno II. Voir la charte entière. Invasions normandes dans la Loire, pièces justificatives, n. VIII.

Ces trois vicomtes assistèrent le 13 septembre de l'année suivante à un acte plus ample et plus solennel de la même restitution dressé à Tours, dans la cité, en présence des évêques de Tours, d'Angers, de Nantes, d'Orléans, de Paris et d'Amiens (1). En 905 Atton II était mort. C'est ce qui ressort d'une charte en date du 5 juillet de cette année par laquelle un riche particulier nommé Archambaud et sa femme Ingilrade donnent au chapitre de Saint-Martin plusieurs domaines, situés en Touraine dans la viguerie d'Evres, et dans laquelle Foulque s'intitule vicomte de Tours et d'Angers (2), mais il n'exerça pas longtemps ces doubles fonctions; une charte du 30 octobre 909 nous apprend que le vicomte de Tours s'appelait alors Thibaut. Dans cet acte Foulque prend pour la première fois la qualité de comte (3). Il la prend encore dans une charte où il figure avec Gauscelin comte du Maine et Gausbert fils de ce dernier, par laquelle Robert II, comte et abbé de Saint-Martin, confirme en 912 l'indépendance de l'abbaye de Marmoutier (4). On le voit néanmoins continuer

(1) Nos quidem Rotbertus, gratia omnipotentis Dei gregis incliti confessoris Christi beati Martini abba necnon et comes etc. Signum sanctæ crucis domni Rotberti gloriosissimi abbatis. Erbernus Turonorum archiepiscopus subscripsit. Ego Raino Andecavorum episcopus propria manu subscripsi. Fulcherius Namnetensium episcopus subscripsit. Berno Aurelianensis episcopus subscripsit. Askericus Parisiorum episcopus hanc auctoritatem, rogante ipso Rotberto comite, firmavi. Otgerius episcophilax roboravi. Ego Aimo abbas subscripsi Signum Attonis vicecomitis, signum Guarnegaudi vicecomitis, signum Fulconis vicecomitis, signum Maingaudi vasalli. Data est.... idus septembris in civitate Turonis, anno III° post obitum domni Odonis, regnante domno Karolo rege. Voir la pièce entière, Invasions normandes, pièces justificatives, n. IX.

(2) Pièces justificatives, n° III.

(3) Pièces justificatives, n° IV.

(4) Anno incarnationis dominicæ DCCCCXII, cum Turonorum regio Normannorum sedula oppressione pene tota deficeret et domnus Rotbertus, Sancti Martini quod dicitur de Basilica, atque ejusdem beati Martini Majoris scilicet Monasterii gloriosus abba, necnon et comes, propter diversa regnorum Franciæ atque Neustriæ negotia, quibus a rege prepositus erat, ab urbe Turonica fere per biennium defuisset, etc. Sig. sanctæ crucis domni Rotberti, gloriosi principis et abbatis.... sig. domni Gauslini comitis, sig. domni Ervei comitis, sig. domni Gausberti co-

de figurer avec le titre de vicomte dans une précaire du 31 mai 914 (1), et même dans un acte du mois d'août 924, où il est en même temps qualifié abbé de Saint-Aubin d'Angers (2). Enfin il est appelé comte, dans une donation faite à Saint-Martin de Tours, le 26 mars 931, par Hugue le Grand, de ses alleux de Châtillon et de Morignan (3).

Nous ne possédons qu'une charte émanée de Foulque le Roux, c'est la donation qu'il fit en 929 à Saint-Aubin et à Saint-Lezin du domaine de Saint-Remy sur Loire. Foulque, qui dans cet acte s'intitule comte d'Anjou et abbé de Saint-Aubin, nous apprend qu'il était fils d'Ingelger, que sa femme se nommait Roscille et était fille de Garnier et de Tescende, et qu'il avait eu trois fils,

---

mitis, sig. domni Fulconis. Data est.... III idus novembris, in civitate Turonis, anno XV regnante domno Karolo rege glorioso et pacifico rege

(1) Pièces justificatives, n° V.

(2) Août 924. Ego in Dei nomine Fulculfus et conjux mea Eufrasia; convenit nobis, pro Dei amore vel pro animas nostras, seu patrum nostrorum vel matrum nostrarum, ut ad basilica Sancti Albini, ubi ipse preciosus domnus confessor Albinus in corpore requiescit, quæ est constructa prope muros Andecavis civitate, ubi venerabilis vir Fulco abba præesse videtur, ut aliquid de res nostras, quem ex alode parentum nostrorum nobis legibus obvenit, ut ad ipsa basilica supranominata, ad stipendia fratrum delegare deberemus, quod ita est fecimus, hoc est alodus noster infra burgum Andegavensium, non longe a muro prescripto, quem Abbo, consanguineus meus, post obitum suum michi dereliquit. Circumcingit vero de una parte terra S. Mauricii, de alia vero parte terra S. Martini, de tertia autem parte terra de comitatu ipsius civitatis, quarta vero parte alodus. Actum Andecavis civitate, idus Augusti, anno II regnante Radulfo rege. Sig. Fulculfo, qui hanc manufirmam fieri rogavit vel adfirmavit. Sign. Fulconis abbatis atque vicecomitis. — *Arch. de St-Aubin d'Angers.*

(3) Recueil des historiens de France, t. IX, p. 720. Le texte de cet acte, tel qu'il est donné par les éditeurs de ce recueil est assez défectueux. Voici les noms des témoins qui y figurent : Signum sanctae crucis domni Hugonis abbatis, qui hanc elemosinam devotissima mente fieri et affirmari rogavit. Signum Hugonis comitis, filii Rogerii comitis. Signum domni Fulconis. Signum Tetbaldi vicecomitis. Signum Ebbonis venerabilis viri. Signum Rotgerii. Sign. Firmici. Sign. Aimonis. Sign. Tetbadi. Sign. Adalaldi. Sign. Gualteri.

Ingelger mort à l'époque où fut rédigée la charte, Gui qui fut évêque de Soissons et Foulque qui est connu sous le nom de Foulque le Bon.

L'*Art de vérifier les dates* fait mourir Foulque le Roux en 938, cependant dans la notice d'un plait tenu au mois d'août 941 en présence du comte d'Anjou, au sujet d'un différend survenu entre un nommé Isembert et Tesmunnius, chanoine de Saint-Martin, on voit les signatures du comte Foulque et de Foulque son fils. *Signum domni Fulconis. Signum Fulconis filii ipsius.* D'après cette charte (1) Foulque le Roux aurait donc été encore en vie au mois d'août de l'année 941, mais il était mort au mois de mai 942 comme il paraît par une charte de Hugue duc de France, où ne figure plus que la signature de son fils Foulque le Bon (2).

Des faits qui précèdent, il résulte que Foulque le Roux n'est pas né en Anjou, qu'il est arrivé dans ce pays en 886, avec Eudes fils de Robert le Fort, dont il était un des fidèles. Aussi le voit-on suivre ce prince et son frère Robert partout où ils résident à Tours, à Blois, à Orléans et à Paris. Fils d'un homme libre nommé Ingelger, il devait être fort jeune en 886, puisqu'il ne mourut qu'en 941. Il avait épousé Roscille, fille de Garnier et de Tescende, dont il eut trois fils, Ingelger mort jeune, Gui et Foulque. Jusqu'en 909 il ne prit que le titre de vicomte, après cette époque il est qualifié tantôt comte, tantôt vicomte. Néanmoins il paraît avoir conquis définitivement le titre de comte vers l'an 930.

III. FOULQUE LE BON, DEUXIÈME COMTE D'ANJOU (942-960 environ).

C'est donc à la fin de l'année 941 que Foulque II, dit le Bon, succéda à son père. Les chroniqueurs nous le représentent comme un prince affable, religieux et d'humeur peu belliqueuse, qui s'attacha particulièrement à faire fleurir l'agriculture en Anjou. Aussi cette contrée, qui avait été ruinée par les guerres, se repeupla-

(1) Pièces justificatives, nº VIII.
(2) *Recueil des chroniques de Touraine*, p. 332.

t-elle rapidement. C'est à peu près tout ce qu'on connaît de son existence, car on ne peut ajouter aucune foi aux anecdotes rapportées par l'abbé Eudes. Il n'en savait certainement pas plus à cet égard que l'auteur du fragment historique qui porte le nom de Foulque Rechin, lequel déclare n'avoir pu connaître les actions de ce prince.

Les chartes nous permettent d'ajouter quelques faits à cette courte biographie.

On voit figurer Foulque le Bon dans un acte, par lequel Hugue le Grand, duc de France, ratifia en 942 la donation faite à l'abbaye de Saint-Julien de Tours, de l'église de Saint-Martin de Chanceaux, par Robert fils d'Archambaud (1).

Le 26 décembre 943, il était à Paris avec son frère Gui, nommé évêque de Soissons, depuis 937; ils signèrent l'un et l'autre la restitution faite au chapitre de Saint-Martin de Tours, par le duc Hugue, des biens qui avaient appartenu à la porterie du monastère, dont ses ancêtres s'étaient emparés (2).

En 958, Foulque présida, avec Thibaut, comte de Tours et de Blois, une réunion tenue en Verron, sur les limites de la Touraine et de l'Anjou, à laquelle assistèrent un grand nombre de seigneurs angevins et bretons (3).

La femme de Foulque le Bon s'appelait Gerberge. On ne connaît pas la famille à laquelle elle appartenait. Peut-être était-elle

---

(1) Parmi les signataires de cette charte imprimée plusieurs fois (voyez Salmon, Recueil des chroniq. de Touraine, p. 332), on voit figurer: Hugo comes et dux Franciæ, Fulco Andegavorum comes, Theobaldus Turonorum vicecomes, Burchardus comes, Gausfridus Carnotensium vicecomes, Bernardus Silvanecti comes, Gausfridus vicecomes Aurelianensium.

(2) Pièces justificatives, nº IX.

(3) Anno itaque ab incarnatione domini DCCCCLVIII, indictione prima, contigit ut placitus fieret in confinio Andegavorum, Turonorumque, in Verrone videlicet, in quo conventus factus est tam nobilium francorum quam et britonum. In quo etiam jam dictus abbas cum suis fratribus in presentia nobilissimorum comitum Teobaldi atque Fulconis advenlens, supplicibus precibus postularunt ut quod illis olim indulgentia regalis concesserat, ipsis clementi miseratione reparare placeret, etc. — *Ex privilegio de fundatione abbatiæ S. Florentii Salmurensis et reparatione terrarum.* — Voyez Baluze, Hist. de la maison d'Auvergne, t. II, p. 12.

sœur de Boson II, comte d'Arles, et fille de Rotbold; mais ce n'est là qu'une hypothèse.

Les auteurs de l'*Art de vérifier les dates* donnent à Foulque le Bon cinq fils et deux filles.

I. Geoffroi son successeur au comté d'Anjou.

II. Bouchard, dit le Vieux, comte de Paris, de Corbeil et de Vendôme.

III. Gui, abbé de Cormeri et ensuite évêque du Puy.

IV. Dreux, qu'on prétend avoir été le successeur de ce dernier au siége du Puy.

V. Humbert le Veneur.

Arsinde, appelée Blanche par Yves de Chartres.

Adélaïde, femme d'Étienne, comte de Gévaudan.

Mais de ces cinq fils il faut en retrancher deux : Bouchard Ier, comte de Vendôme, et Humbert, surnommé le Veneur, dont la filiation n'est appuyée que sur de fausses chartes. Des deux filles, il faut supprimer Arsinde ou Blanche, qui n'a jamais existé.

Les faussaires ont largement exploité les personnalités de Foulque le Bon et de Geoffroi Grisegonelle. Dès le douzième siècle, le dernier avait été le point de mire de l'auteur du faux Hugue de Clères. Au dix-septième siècle, les généalogistes, qui ont voulu rattacher à la maison d'Anjou des familles qui ne trouvaient pas leur origine assez illustre, ont cherché à leur attribuer à l'un et à l'autre une postérité fictive. Il existe toute une série de chartes données comme tirées des archives de la Tour de Londres, qui n'ont pas d'autre but. Ces actes ont, du reste, été fabriqués si maladroitement et avec une si médiocre intelligence des règles de la diplomatique, qu'ils ne peuvent tromper que ceux qui veulent bien s'y laisser prendre (1).

L'allégation des éditeurs du onzième volume du recueil des Historiens de France et des Auteurs de l'*Art de vérifier les dates*, qui considèrent Foulque le Bon comme le père de Bouchard Ier, comte de Vendôme et de Humbert le Veneur, ne repose cependant que sur une charte de cette nature. Ajoutons que, d'après deux autres actes, sortis de la même fabrique, c'est Geoffroi Grisegonelle et non pas Foulque le Bon qui serait père de Bouchard le

(1) Collection de dom Housseau, n° 401.

Barbu. La vérité est que Bouchard n'appartenait pas à la famille des comtes d'Anjou, mais sa fille Élisabeth avait épousé Foulque Nerra, fils de Geoffroi Grisegonelle. De leur mariage naquit une fille nommée Agnès.

On verra au chapitre suivant les raisons qui doivent faire retrancher de l'histoire la fausse Arsinde, femme de Guillaume III, comte de Toulouse selon les uns, de Guillaume I, comte d'Arles selon les autres.

L'industrie des faussaires s'est également exercée sur Dreux ou Drogon, troisième fils de Foulque le Bon, que l'auteur des Gestes des comtes d'Anjou, prétend avoir été évêque du Puy. On lui a attribué une charte qui, si elle était vraie, trancherait définitivement la question si controversée du degré de parenté qui, dit-on, aurait existé entre Foulque Nerra et la reine Constance (1). Il suffit de parcourir cet acte pour se convaincre qu'il est sorti de la même officine que les chartes précédentes.

Sur la foi des Gestes des comtes d'Anjou, quelques auteurs ont mis ce Dreux au nombre des évêques du Puy. On ne voit figurer aucun évêque de ce nom dans les tables épiscopales de ce diocèse, et de plus, on peut affirmer que celui-là n'a pu exister. La chronique du Puy, document qui, sur ce point, mérite toute confiance, raconte qu'avant de mourir, l'évêque Gui avait nommé pour son successeur Étienne de Gévaudan, son neveu, et qu'il lui avait fait exercer les fonctions d'évêque de son vivant. Aussitôt après sa mort, Étienne s'empara de l'évêché et se fit sacrer par deux prélats gagnés à sa cause. Mais ce fait d'usurpation ayant été porté à la connaissance du pape, celui-ci, dans un concile tenu à Rome en 998, déposa Étienne et le priva de tout ordre sacerdotal, pour s'être permis du vivant de son oncle de prendre possession du siége épiscopal, et de s'être, après la mort de l'évêque titulaire, fait sacrer sans élection préalable par des prélats sans pouvoirs. Le clergé du Puy, en conséquence de cette déposition, choisit pour évêque Théotard, religieux bénédictin d'Aurillac. Il reste donc établi que Dreux d'Anjou n'a pu succéder à son frère Gui à l'évêché du Puy, comme l'affirment les Gestes des comtes d'Anjou.

---

(1) Voyez la copie de ces pièces Collection de dom Housseau, nos 240, 400 et 401.

C'est aussi la chronique de l'église du Puy qui nous apprend qu'Adélaïde, fille de Foulque le Bon, avait épousé Étienne Ier du nom, comte de Gévaudan, dont elle eut au moins deux fils: Pons et Bertrand qui succédèrent à leur père. Ces deux comtes de Gévaudan étaient ainsi cousins germains de Geoffroi Grisegonelle. Ils n'eurent pas une longue postérité (1).

IV. GEOFFROI GRISEGONELLE TROISIÈME COMTE D'ANJOU. (960-987).

L'Histoire de Geoffroi Grisegonelle, fils aîné de Foulque le Bon, telle qu'elle est tracée par les chroniqueurs, est mêlée de beaucoup de fables; c'est ce qu'on a déjà pu voir par l'examen critique auquel nous avons soumis le texte des *Gesta*. Les chartes achèvent de montrer que la biographie de ce prince est toute à refaire.

C'est en 958, que la grande et la petite Chronique de Tours fixent la mort de Foulque le Bon, mais comme on ne trouve aucun acte de son successeur avant l'année 966, et qu'à partir de cette époque on en compte un assez grand nombre, il est probable que Foulque a dû prolonger ses jours au delà de l'année 960.

L'auteur des *Gesta consulum Andegavorum* ne connaissait rien de la vie de Geoffroi Grisegonelle. Le chapitre qu'il consacre à ce prince ne contient que des légendes sur la part qu'il a prise à la guerre de Lothaire contre l'empereur Othon II. Il se trompe sur la date qu'il assigne à la fondation de la collégiale de Loches; il se trompe encore sur le nom du successeur de Geoffroi. Le prétendu Foulque Rechin n'était pas beaucoup mieux renseigné sur la vie de son bisaïeul; il lui attribue deux grandes actions militaires: une victoire remportée sur Guillaume III, comte de Poitou, qu'il aurait poursuivi jusqu'à Mirebeau, et auquel il aurait enlevé le pays de Loudun, et une bataille contre les Bretons.

Au sujet de la victoire improprement appelée de Mirebeau,

(1) Voyez au sujet d'Étienne comte de Gévaudan, et sur son origine, notre addition à la note 26 du tome IV de la nouvelle édition de l'histoire de Languedoc.

Chronique de Saint-Maixent s'écarte sensiblement du récit du comte Foulque; elle dit qu'une guerre ayant éclaté entre le comte Guillaume et Geoffroi, celui-ci fut forcé de se soumettre au comte Guillaume, qui lui donna en bénéfice Loudun et plusieurs autres villes. Quant à la victoire sur les Bretons, il est à croire que l'auteur, qui écrivait sous le nom de Foulque Rechin, a commis une erreur et a fait allusion à des événements plus récents. Conan n'ayant été tué qu'en 992 à la bataille de Conquereux, gagnée par Foulque Nerra, comment ses fils auraient-ils pu être battus antérieurement à cette époque par Geoffroi Grisegonelle? Foulque Rechin affirme aussi que Geoffroi Grisegonelle fut enterré dans l'église de Saint-Martin de Tours, en quoi il est contredit par Thomas de Loches. Un fait sur lequel les auteurs sont plus d'accord, c'est l'époque de sa mort qui doit être fixée au 21 juillet 987.

Le premier acte où figure ce prince est une charte du mois de mars 966 par laquelle, de concert avec Gui son frère, abbé de Saint-Aubin, il rend à l'abbaye de ce nom, pour le repos des âmes de son père Foulque et de sa mère Gerberge, le domaine de Meron en Poitou, que ses ancêtres avaient injustement retenu (1). Peu de temps après, Gui, qui prend le titre d'abbé de Saint-Paul de Cormeri et de Saint-Sauveur de Villeloin, de Saint-Pierre de Ferrières et de Saint-Aubin d'Angers, rend, à l'instigation de Gui évêque de Soissons, son oncle, à l'abbaye de Saint-Aubin, tous les biens qui lui appartenaient et qu'il retenait en sa qualité d'abbé (2). Enfin le 10 juin 966, Geoffroi Grisegonelle, qui s'in-

---

(1) In Dei nomine. Gaufridus, comes Andecavorum, et frater meus Widdo, abbas ex monasterio Sancti Albini, novimus curtem Maironis, sitam in pago Pictavensi, totam ad integrum Sancti Albini juris esse.... sed ex ipsa curte scimus quorumdam presumptione duas quartas esse usurpatas, quæ diu in comitis Andecavensis fuere ditione. Ego vero Gaufridus una cum fratre meo Widdone easdem duas quartas, sitas in villa ipsius curtis Baludriaco, Sancti Albini perpetualiter tradimus ditioni, pro remedio scilicet patris nostri Fulconis matrisve nostræ Gerbergæ.... Actum Andecavis civitate publice, anno DCCCCLXVI incarnationis Domini. Data mense martio, anno XV regnante Hlothario rege. *Cartul. de St-Aubin*, f°. 75r.

(2) Mabillon, *Annales Benedict.* III, p. 524.

titule « Gratia Dei et senioris mei domni Hugonis largitione Andegavorum comes, » substitue des moines aux chanoines de Saint-Aubin et place ces religieux sous la direction d'un abbé régulier nommé Guibaud. Ce changement fut fait du consentement de Gui son frère, qui après s'être, comme nous l'avons vu, dessaisi de tous ses revenus, renonce à son titre d'abbé (1).

Au mois d'avril 969, Geoffroi mit sa signature au bas d'un acte, par lequel un nommé Grifier concéda à Arnoult prêtre, un terrain propre à planter de la vigne, situé près des arènes de la ville d'Angers et qu'il tenait de lui en bénéfice (2); il autorisa une donation semblable, faite au mois de février 970, par un nommé Robert à Rainard et à sa femme Richilde (3). Vers la même époque il donna au monastère de Cormeri et à Gui son frère, abbé de ce monastère, le domaine de Valançai situé sur le Nahon en Berri (4). Le 28 avril 973 étant à Angers, il assista à la rédaction d'une charte, par laquelle Nefingus, évêque d'Angers, concéda aux religieux de Saint-Aubin la moitié des droits de port qu'il possédait dans la Loire (5).

Au mois d'avril 976, Geoffroi Grisegonelle était à Poitiers, c'est ce qu'on peut voir par une donation qu'il fit dans cette ville aux religieux de Saint-Jouin de Marnes, de l'église et du lieu de Luz en Anjou (6). Il était appelé dans cette ville par l'abbesse Ermengarde et les religieuses de Sainte-Croix de Poitiers qui l'avaient prié d'être le défenseur et le protecteur de leurs biens. Geoffroi accédant à leur demande s'était rendu dans leur église, et la main sur la vraie croix, il avait promis de défendre envers

---

(1) A la fin de cet acte imprimé par d'Achery (*Spicilegium*, III, p. 377), on lit les signatures suivantes: sig. Hugonis Francorum ducis, sig. Gaufridi comitis, qui hunc privilegium fieri jussit, sig. Widonis abbatis, sig. Widdonis Suessionensis episcopi, sig. Arduini Turonorum archiepiscopi, sig. Roberti comitis Trecassino, sig. Alberigi Aurelianensis vicecomitis, sig. Waldrici Suessionis comitis, etc.

(2) Cartul. de St-Maurice d'Angers, nº 21.

(3) Ibidem, nº 18.

(4) Cartulaire de Cormeri, nº XXXIX.

(5) Cartulaire de St.-Aubin, charte 131.

(6) Cauvin, *Géographie ancienne du diocèse du Mans*, in-4º, 1845, Instrum. p. 77.

et contre tous les biens de l'abbaye situés dans l'étendue de ses domaines. En récompense les religieuses lui avaient abandonné les revenus de deux propriétés situées en Loudunois, Arcé et Preuilly près Loudun (1).

Les auteurs de *l'Art de vérifier les dates* donnent pour femme à Geoffroi Grisegonelle, Adèle de Vermandois, qu'ils font veuve de Lambert comte de Châlon. Cette assertion est erronée. Geoffroi Grisegonelle se maria deux fois, il épousa :

1° Adèle de Vermandois morte en 975 ou 976, dont il eut Foulque Nerra, Geoffroi mort avant son père et Ermengarde, femme de Conan duc ou comte de Bretagne;

2° Adèle fille de Gislebert, comte d'Autun et de Châlon, veuve en 978 de Lambert comte de Châlon, dont il eut un fils nommé Maurice.

La preuve qu'Adèle de Vermandois était la première femme de Geoffroi Grisegonelle se tire du testament (2) de cette princesse, daté du 12 mars 975, par lequel elle donne à Saint-Aubin d'Angers l'aleu de Hondainville (3), situé en Beauvaisis, avec deux églises, dédiées l'une à Notre-Dame, l'autre à saint Aignan et dont elle avait hérité de ses parents. Adèle de Vermandois était fille d'Hebert Ier et sœur de Robert comte de Vermandois, et non pas fille de ce dernier, comme le veulent les auteurs de *l'Art de vérifier les dates*. Elle fut enterrée à Saint-Aubin d'Angers où sa tombe a été longtemps conservée. On en voit le dessin dans les *Antiquités Françoises* de Montfaucon.

Le second mariage de Geoffroi Grisegonelle avec Adèle de Châlon, fille de Gislebert, est établi par plusieurs chartes de Cluni. Par une de ces chartes, dont on peut fixer la date entre les années 992 et 998, Hugue comte de Châlon renonce, en faveur de Vivien prieur de Cluni, aux usurpations que le comte Lambert son père avait faites sur les biens des religieux, situés à Coulanges dans le pays d'Autun (4). Ce désistement est approuvé par Adélaïde mère du comte Hugue et par Maurice son frère. Or

(1) Collection Moreau, vol. 9.
(2) Histoire de la maison de Vergi, preuves, p. 39.
(3) Arr. de Clermont (Oise).
(4) Collection Moreau, t. XV, p. 124.

Hugue, qui joignit dans sa personne, en 999, l'évêché d'Auxerre au comté de Châlon, se dit dans cet acte fils d'Adélaïde et de Lambert, à qui sa femme apporta en dot le comté de Châlon. Mais l'ancienne histoire des évêques d'Auxerre affirme que Hugue n'avait point de frère germain ou consanguin. « Huic non par erat affinitate germanus frater, qui videlicet hereditario jure, res paternas regere potuisset (1). » Ce qui est confirmé par Raoul Glaber, qui déclare qu'il était le dernier mâle de sa maison (2). Ainsi donc Maurice, qui est appelé frère du comte Hugue, dans la charte que nous examinons, n'était que son frère utérin, fils par conséquent d'Adélaïde et du comte Geoffroi son second mari.

On a prétendu que ce comte Geoffroi était Geoffroi de Semur, mais Duchesne, dans son Histoire de la maison de Vergi, a solidement réfuté cette opinion. D'autres ont supposé avec plus de raison que c'était Geoffroi Grisegonelle comte d'Anjou. Nous trouvons en effet, cité jusqu'en 1003 parmi les enfants de ce comte, un Maurice qui est dit aussi dans plusieurs chartes frère de Foulque Nerra et parent, *cognatus*, de Geoffroi Martel, fils de ce dernier (3). Il résulte donc de l'ensemble de ces actes, que Geoffroi Grisegonelle a épousé successivement Adèle ou Adélaïde de Vermandois et Adèle ou Adélaïde de Châlon, veuve du comte Lambert. Il est à remarquer du reste que Robert de Vermandois, beau-frère de Geoffroi Grisegonelle par sa première femme, ayant épousé Werra, fille de Gislebert, comte de Châlon, Geoffroi, en se remariant avec Adélaïde de Châlon, épousait la sœur de la femme de son beau-frère.

Ce second mariage de Geoffroi eut lieu en 980 au plus tard; On voit par une charte de Cluni datée de la XXVIIIe année du règne de Lothaire, qui correspond à l'année 978 de J. C., que Lambert existait encore (4), mais il dut mourir cette même année ou au commencement de la suivante, car il résulte d'une charte donnée le 18 octobre de la XXXe année du règne de Lothaire,

---

(1) Recueil des hist. de France, X, 271.

(2) Livre III, c. 2.

(3) Cartul. de St-Maurice d'Angers, f° 19 et copie dom Housseau n° 211. Cartul. de St-Aubin et dom Housseau, n° 331. Cartul. de la Trinité de Vendôme.

(4) Archiv. de Cluni, collection Moreau, t. XII, p. 213.

c'est-à-dire en 980 (1), qu'Adélaïde était alors remariée au comte Geoffroi (2).

Cette princesse figure avec son premier mari dans une charte de l'année 984, par laquelle, de concert avec le comte Hugue, fils de son premier lit, elle donne à l'abbaye de Cluni plusieurs pièces de vignes, provenant de la succession d'un clerc nommé Haganon (3), mais en 988, au mois d'avril elle était veuve, ainsi qu'il ressort d'un acte, où elle paraît seule avec le comte Hugue son fils (4), nouvelle preuve que son second mari est bien Geoffroi Grisegonelle, puisqu'il est certain que celui-ci mourut le 21 juillet 987.

Les seuls enfants de Geoffroi Grisegonelle, dont l'existence est certaine, sont Foulque Nerra, Geoffroi, Maurice et Ermengarde, qui épousa Conan comte de Rennes. On lui en a attribué d'autres, qui n'ont jamais existé. Ainsi on a prétendu qu'il avait eu une fille nommée Blanche ou Adélaïde, qui selon dom Vaissète épousa Guillaume III Taillefer, comte de Toulouse, ou selon d'autres Guillaume Ier, comte d'Arles, et qui fut mère de la reine Constance, deuxième femme du roi Robert.

On lui a attribué aussi deux fils, Bouchard le Barbu, père de Bouchard de Montmorenci et Geoffroi de Montbazon. La vérité est que ces derniers ont été inventés au dix-septième siècle par le duc d'Épernon, dans le but de rattacher les Montmorenci à la maison d'Anjou et que les deux chartes, sur lesquelles s'appuie cette filiation apocryphe, ont été fabriquées par lui (5).

---

(1) On fait commencer le règne de Lothaire à différentes époques, en 951, 954 ou 955, mais dans les chartes qui nous occupent, c'est à la première de ces époques qu'il faut s'en tenir ; ce qui le prouve, c'est une autre charte d'Adélaïde et de Geoffroi, datée de la trente quatrième année du règne de Lothaire ; or, Lothaire n'a pas régné trente-quatre ans depuis la mort de Louis d'Outremer son père, puisqu'il est mort lui-même en 986 ; donc la trente-quatrième année de son règne part de 951.

(2) Ibid. t. XIII, p. 65.

(3) Ibid. t. XIII, p. 86.

(4) Ibid. t. XIV, p. 71.

(5) On peut voir une copie de ces chartes dans dom Housseau, n. 240 et suivants. Consulter à ce sujet Ménage (*Histoire de Sablé*) qui dit qu'elles lui ont été communiquées par le duc d'Épernon.

L'opinion, qui veut que Geoffroi Grisegonelle ait eu une fille appelée Blanche, mère de la reine Constance, s'appuie sur des textes beaucoup plus anciens et qui même ne manquent pas d'autorité. Nous espérons néanmoins montrer qu'ils ne peuvent en avoir dans la question. Indiquons d'abord les textes qui font mention de cette prétendue fille de Geoffroi Grisegonelle ou qui se rapportent à la reine Constance.

Le premier est celui de Raoul Glaber, qui en parlant du roi Robert, dit qu'il épousa Constance parente de Hugue comte de Châlon, évêque d'Auxerre et fils de Lambert (1).

Le second nous est fourni par une variante du texte de Raoul Glaber qui se lit dans un manuscrit de cet auteur du onzième siècle; elle est écrite en interligne et au-dessus du passage que nous venons de citer. Cette variante dit que Robert épousa Constance, fille de Guillaume comte d'Arles (2) et de Blanche, sœur de Foulque Nerra.

Le troisième en une lettre écrite vers 1110 ou 1111 par Yves de Chartres à Raoul archevêque de Reims, dans laquelle il raconte ce qu'il a entendu dire à la cour du pape Urbain II sur le degré de parenté, qui existait entre le fils du comte de Flandre et la fille du comte de Rennes, par un moine d'Auvergne nommé Castus. Yves de Chartres dans cette lettre prétend que Blanche, comtesse d'Arles, était sœur de Geoffroi Grisegonelle (3).

Le quatrième texte que nous citerons est l'*Epitome* ou histoire abrégée de la vie du roi Robert par Helgaud moine de Fleuri (4).

---

(1) Fuit enim idem Hugo episcopus Autissiodori, regensque comitatum patris ex imperio regis, quoniam præter eum pater non habuit sobolem sexus masculini; idcirco hostibus regis contrarius, quoniam regi fidelissimus parebat in omnibus. Accepit autem supradictus rex illius cognatam nomine et animo Constantiam, inclitam reginam filiam videlicet prioris Willelmi Aquitaniæ ducis, ex qua etiam suscepit filios quatuor et filias duas. lib. III, c. 2.

(2) Quoniam regi fidelissimus, parebat in omnibus. Accepit autem supradictus rex neptem prædicti Fulconis nomine et animo Constantiam, inclitam reginam, filiam Guillelmi comitis Arelatensis, natam de Blanca sorore ejus, ex qua etiam suscepit filios quatuor et filias duas. — Ms latin de la Bibliothèque nationale, n° 10912.

(3) Ivonis Carnotensis epist. CCXI.

(4) Hæc accensa furore, jurat per animam Willelmi sui genitoris,

Helgaud se contente de dire que Constance était fille de Guillaume.

Un cinquième texte nous est donné par une chronique, due à un religieux de Fleuri, qui demeurait au prieuré de la Réole sur la Garonne et qui a été imprimée par Duchesne, sous le titre de *Fragmentum Historiæ Francicæ a Roberto ad mortem Philippi regis* (1). Cette chronique rapporte que la reine Constance était fille de Guillaume comte de Toulouse, mais c'est à cette princesse et non à sa mère qu'elle donne le surnom de Blanche.

Une autre chronique anonyme, qui se termine à l'année 1109, imprimée aussi par Duchesne, d'après un manuscrit de la bibliothèque de de Thou (2), dit que Constance était fille de Guillaume comte d'Arles et de Blanche, sœur de Geoffroi Grisegonelle comte d'Anjou.

A ces textes on pourrait ajouter celui d'Albéric de Trois-Fontaines, mais cet auteur n'a fait que reproduire le système généalogique de la lettre d'Yves de Chartres, qu'il cite à l'appui de ce qu'il avance.

Telles sont les sources les plus anciennes, qui doivent nous servir à établir l'existence ou la non-existence de Blanche d'Anjou. On doit remarquer d'abord qu'elles sont loin de s'accorder entre elles. Elles nous mettent en présence de trois systèmes :

1° La reine Constance était parente de Lambert, comte de Châlon et de Hugue son fils. Elle était aussi alliée de Foulque Nerra comte d'Anjou. C'est la version donnée par le texte primitif de Raoul Glaber, tel qu'il est fourni par les meilleurs manuscrits.

2° Blanche mère de Constance était sœur de Foulque Nerra, et par conséquent fille de Geoffroi Grisegonelle. C'est ce qu'affir-

---

custodibus mala se irrogaturam fore luminibus privari (*Recueil des historiens de Duchesne*, t. IV, p. 66).

(1) Hic (Robertus) ascivit in suum conjugium filiam Guillelmi, Tholosani comitis nomine Constantiam, cognomento Candidam, strenuam sane puellam et suo nomine dignam, de qua suscepit inclitos filios, Hugonem, Ainricum, Rotbertum, Odonem, etc. *Recueil des hist. de Duchesne*, IV, 85.

(2) Duxit autem uxorem Constantiam, filiam Willelmi comitis Arelatensis, natam de Blanca, sorore Gaufridi comitis Andegavensis, de qua genuit quatuor filios, etc. Ibid., p. 96.

ment la variante du texte de Raoul Glaber, contenue dans le manuscrit latin 10912, et la lettre d'Yves de Chartres.

3° Blanche n'était pas fille de Geoffroi Grisegonelle, c'était sa sœur au dire de la Chronique anonyme imprimée par Duchesne qui s'arrête à l'année 1109.

Cette divergence d'opinions, dans les témoignages les plus anciens, ne rend pas la question facile à résoudre. Où est la vérité, Faut-il s'en rapporter à Raoul Glaber ou à Yves de Chartres ? Car en dernière analyse, ce dernier est la source, où ont puisé tous les chroniqueurs, qui ont parlé de Blanche sœur ou nièce de Foulque Nerra. Mais il est facile de voir d'après sa lettre, qu'Yves de Chartres ne connaissait les faits que par ouï-dire et d'une manière incertaine. Il rapporte ce qu'il a appris à Rome à la cour du pape Urbain II. Il ne se rend pas garant des faits qu'il raconte, et ne sait même pas s'il existe encore des témoins de ce qu'il avance. C'est évidemment là une autorité bien vague.

Tous les textes que nous avons cités s'accordent pour affirmer que le père de la reine Constance s'appelait Guillaume. A l'exception du plus récent, du fragment historique écrit par le moine de Fleury habitant la Réole, ils s'accordent encore en ce point que ce Guillaume était Guillaume Ier comte d'Arles (1). Or, Guillaume Ier a-t-il eu ou a-t-il pu avoir une femme du nom de Blanche. Là est toute la question. Nous croyons qu'il faut la résoudre négativement. Les chartes établissent en effet, que Guillaume Ier, comte d'Arles, mort vers l'année 992, eut deux femmes : Arsinde, la première, qui vivait en 968 et en 979 ; Adélaïde, la seconde, mère de Guillaume II, comte d'Arles et vraisemblablement de la reine Constance, qui est citée dans des chartes de 986 et 992. Où trouver entre ces dates la place d'une troisième femme du nom de Blanche ?

Cette objection a paru sérieuse à ceux qui ont voulu ajouter foi quand même à Yves de Chartres. Ils ont tourné la difficulté en prétendant que la comtesse d'Arles, appelée Blanche par Yves de Chartres, n'était autre qu'Adélaïde, seconde femme de Guillaume Ier. On ne peut cependant citer aucun texte à l'appui de

(1) Voy. sur ce point la note additionnelle à la note 29 du tome IV de la nouvelle édition de l'Histoire du Languedoc sur la véritable origine de la reine Constance.

cette assimilation, qui ne repose que sur une conjecture. Aussi dom Vaissète, qui a soutenu que la reine Constance était fille de Guillaume Taillefer, comte de Toulouse, a-t-il fait usage, avec aussi peu de raison, d'une semblable conjecture en disant que la comtesse appelée Blanche par Yves de Chartres était la même qu'Arsinde, que l'on croit avoir été la première femme de Guillaume Taillefer. Les partisans des deux systèmes s'accordent en un point; savoir que Blanche-Adélaïde ou Blanche-Arsinde était fille de Geoffroi Grisegonelle et sœur de Foulque Nerra, comte d'Anjou; il n'est pas besoin d'insister sur le peu de ressemblance qu'offrent ces hypothèses. Blanche, sœur ou tante de Foulque Nerra, est pour nous un personnage imaginaire qu'il faut effacer de l'histoire. La reine Constance ne pouvait donc être nièce de Foulque Nerra. Si elle était sa parente, c'était par les femmes, et à un degré trop éloigné pour qu'il soit possible de le préciser.

De son second mariage avec Adèle de Châlon, Geoffroi Grisegonelle eut un fils, Maurice, qui est cité avec le titre de comte dans plusieurs chartes de Cluni, entre les années 994 et 998. Il est dit dans ces chartes, fils de la comtesse Adèle et frère du comte Hugue, fils de cette dernière et du comte Lambert. Après la mort de sa mère, Maurice quitta le pays de Châlon et vint résider en Anjou. Il est nommé comme frère de Foulque Nerra dans deux chartes, rédigées entre les années 1001 et 1003. L'une nous apprend que le comte Foulque et Maurice son frère accusaient Rainaud II, évêque d'Angers, d'avoir donné à Geoffroi Grisegonelle une terre comme un pacte, pour avoir l'évêché, ce dont l'évêque fut obligé de se justifier par le jugement de Dieu (1). Il paraîtrait d'après la seconde que Maurice aurait gouverné le comté d'Anjou pendant le premier voyage de Foulque Nerra à Jérusalem (2).

(1) Omne quod ad memoriam revocare volumus.... unde notum esse volo cunctis fidelibus sanctæ Dei ecclesiæ tam præsentibus quam et futuris, ego Rainaldus, Andecavorum episcopus, quod Fulco comes, Mauriciusque frater ejus calumniam mihi intulerunt de hereditate mea, quam post tumulationem patris mei solidam acquisitam tenueram.... dicentes patrem meum Rainaldum eam dedisse patri eorum Goffrido, in conventus episcopatum adipiscendi, etc. Cartul. noir de St-Maurice d'Angers, f° 19, et copie, dom Housseau, n° 211.

(2) Cartul. de St-Aubin, et dans Housseau, n° 331.

Ces deux chartes, s'il en était besoin, serviraient à rectifier la filiation des comtes d'Anjou telle qu'elle est donnée par les *Gesta consulum Andegavorum*, qui prétendent que Maurice fut le successeur de Geoffroi Grisegonelle et le père de Foulque Nerra. Mais il y a longtemps déjà que cette erreur a été relevée. Une charte de la Trinité de Vendôme nous fait connaître quelle fut la fin du comte Maurice. Ce prince ne mourut point de maladie en 994, comme le disent les *Gesta*, et, d'après eux, la grande et la petite chronique de Tours, il parvint à un âge assez avancé et fut tué dans un combat, par Geoffroi, fils d'Hamelin de Langeais (1). Il est à remarquer que le rédacteur de cette charte ne se sert que du mot *cognatus* pour désigner le degré de parenté, qui existait entre le comte Maurice et son neveu Geoffroi Martel, nouvelle preuve que Maurice était d'un autre lit que Foulque Nerra.

---

(1) Vivente Goffrido Andegavorum comite, qui Martellus cognominatus est, cum honorem teneret Vindocini dominicum, miles quidam, Walterius dictus, filius Hamelini de Lingais, qui et ipse in pago Vindocinensi honorifice fevatus erat, quendam cognatum predicti comitis, nomine Mauricium, in congressu quodam occidit ; unde graviter in iram adversus Gaulterium comes Goffridus commotus est ; misit tamen hoc in judicium, coram nobilibus baronibus suis, et judicatum est quod Gaulterius idem totum ex integro fevum suum forisfecerat, quod de Goffridi comitis beneficio tenebat. Quod Galterius audiens, tam per se quam per suos amicos misericordiam apud Goffridum comitem quesivit, quam hoc modo consecutus est. Dedit itaque comiti Goffrido, in emendationem forisfacti, duo molendina, que ab ipso tenebat apud Vindocinum, in flumine Lede. Comes autem Goffridus eadem molendina monasterio Vindocinensi Sanctæ Trinitatis in remissionem peccatorum Mauricii, cognati sui interfecti, et etiam in remissionem peccatorum Galterii, qui eum interfecerat, donavit. Actum Vindocini, anno ab incarnatione domini MXXXVIIII, indict. VII[a] presente comite Goffrido et uxore ejus Agnete comitissa.

Cartul. de la Trinité de Vendôme.

V. FOULQUE NERRA, QUATRIÈME COMTE D'ANJOU.
987-21 juin 1040.

La vie de Foulque Nerra est mieux connue que celles de ses prédécesseurs. Ne pouvant retracer ici avec détail l'histoire de ce personnage, ce qui serait sortir des limites qui nous sont imposées, nous nous contenterons d'en préciser certains points, qui n'ont pas été suffisamment éclaircis. Nous donnerons ensuite la liste des principaux actes, dans lesquels Foulque Nerra figure comme auteur ou comme partie contractante.

C'est à tort que le prétendu Foulque Rechin a dit que son aïeul s'était emparé du Maine et avait ajouté ce comté à l'Anjou. Cette allégation, qui est contredite par les faits, devait probablement, dans la pensée de l'auteur, servir à justifier les projets ambitieux du Rechin.

On s'est demandé si Foulque Nerra était allé trois fois à Jérusalem, ou s'il n'avait fait que deux fois ce voyage. L'abbé Eudes et Foulque Rechin disent qu'il n'y est allé que deux fois, Thomas de Loches affirme qu'il fit trois fois ce pèlerinage. C'est au récit de ce dernier qu'il faut ajouter foi. On peut établir, à l'aide des chartes, que Foulque partit une première fois pour la Terre Sainte en 1003. En allant, il s'arrêta à Rome où il se fit absoudre par le pape des peines qu'il croyait avoir encourues par suite de la bataille de Conquereux, où, comme il le dit lui-même, dans une charte, il périt une si grande quantité de chrétiens. A son retour il fonda l'abbaye de Beaulieu, près Loches.

Son second voyage eut lieu vers l'année 1010. C'est à la suite de ce second pèlerinage qu'il jeta les fondations de Saint-Nicolas d'Angers, dont la dédicace eut lieu en 1020.

Il entreprit le dernier en 1038 ou 1039 et mourut à Metz en revenant, le 21 juin 1040.

Il avait été marié deux fois; de sa première femme, Élisabeth, fille de Bouchard, comte de Vendôme, il n'eut qu'une fille nommée Adèle, mère de Bouchard II et de Foulque l'Oison, comtes de Vendôme. D'Hildegarde, sa seconde femme, il eut Geoffroi Martel, né le 14 octobre 1006, et deux filles, Adèle et Ermengarde, qui fut mariée à Geoffroi de Châteaulandon. De ce mariage est sortie la seconde maison des comtes héréditaires d'Anjou, celles des Plantagenet.

Voici l'indication des chartes qui se rapportent à l'histoire de Foulque Nerra :

Année 990. — Foulque, comte d'Anjou, à la prière de Thibaut, religieux, son parent, donne à l'abbé Guillebert et aux religieux de Marmoutier, pour le repos des âmes de ses parents, de sa femme Élisabeth et de lui-même, le droit de pêche dans l'étang de Bessai en Anjou. — Charte curieuse qui constate qu'il n'avait pas de fils de la comtesse Élisabeth et qu'il en désirait ardemment. Marchegay, *Archives d'Anjou*, II, 60.

Vers 995. — Charte de Foulque confirmant l'élection de Girard, abbé de Saint-Aubin. *Cartul. de Saint-Aubin, charte* 24.

Vers l'an 1000. — Diplôme du roi Robert qui confirme et garantit la promesse faite par Foulque, comte d'Anjou, aux religieux de Cormeri, que les châteaux de Montbazon et de Mirebeau, construits par le dit Foulque, ne seront pas nuisibles aux biens et possessions des religieux situés dans leur voisinage. *Cartul. de Cormeri*, nº XLV.

1001, 17 janvier. — Foulque, à la prière de Rainaud, évêque d'Angers, abandonne au chapitre de Saint-Maurice d'Angers la moitié du droit de passage sur le pont de la Mayenne et des *novales* des terres de Saint-Maurice. *Cartul. noir de Saint-Maurice d'Angers*, D. Houss., nº 319.

1001, 3 septembre. — Charte de Foulque confirmant la nomination d'Hubert comme abbé de Saint-Aubin. *Cartul. de Saint-Aubin*, ch. 25.

Vers 1001. — Accord conclu entre les religieux de Saint-Florent de Saumur et Rainaud Torench, chevalier, du temps que le comte Eudes possédait le château de Saumur, afin que ce chevalier défendît les terres des religieux contre les déprédations du comte Foulque, toutes les fois que celui-ci viendrait faire des incursions dans le Saumurois. *Achives de St-Florent de Saumur*.

Entre le 24 octobre 1002 et le 24 octobre 1003. — Acte de la dédicace de l'église de Saint-Aubin des Ponts de Cé, faite par Rainaud, évêque d'Angers, passé à Angers en présence de Foulque Nerra et de Maurice son frère, l'année même du départ du comte

Foulque pour Jérusalem. *Archives de Saint-Aubin*, dom Housseau, n° 331.

1004, mars. — Foulque en vue de racheter, autant qu'il est en lui, le massacre des chrétiens qui avait eu lieu à la bataille de Conquereux (en 992), exempte de certains droits les hommes et les choses du chapitre de Saint-Maurice d'Angers. *Cartul. noir de Saint-Maurice*. Dom Houss., n° 333.

Vers 1004. Rainaud, évêque d'Angers, fils de Rainaud Torrench, est accusé par le comte Foulque et par Maurice son frère, d'avoir donné à Geoffroi Grisegonelle, comme pacte, une terre, pour obtenir l'évêché. Le prélat crie à la calomnie, et pour se purger, il se soumet au jugement de Dieu. *Cartul de Saint-Maurice*. Dom Houss., n° 211.

Vers 1007. — Foulque fonde l'abbaye de la Trinité de Beaulieu près Loches. *Gallia Christ.*, 1re édit., IV, 149.

1007 et 1037. Charte-notice contenant l'histoire de la fondation d'un château fort dans le domaine de Basouges, nommé Château-Gontier, et l'accord conclu entre le comte Foulque et les religieux de Saint-Aubin au sujet de ce château. *Cartul. de Saint-Aubin*, f. 2.

Vers 1010. — Foulque, à la prière de Gérard, abbé de Saint-Jouin de Marnes, fonde le prieuré de Vihiers. *Collect. Moreau*, t. XIX, f. 101.

Vers 1010. — Foulque, comte d'Anjou, partant pour Jérusalem, fut reçu le jour de son départ dans l'abbaye de Saint-Maur avec Hildegarde, sa femme et son fils Geoffroi. Il donne aux religieux ce qui lui appartenait en propre auprès de l'abbaye (1). *Cartul. de Saint-Maur*, n° 8.

1012. — Bulle du pape Sergius IV qui repousse la réclamation de Hugue, archevêque de Tours, contre l'acte de consécration du monastère de Beaulieu, faite contre sa volonté et dans son diocèse. *Dom Housseau*, n° 357.

Vers 1020. — Foulque Nerra, comte d'Anjou, et sa femme Hildegarde restaurent l'abbaye de Saint-Martin d'Angers et y instituent un chapitre de treize chanoines. *Dom Housseau*, n° 407.

(1) Geoffroi Martel étant né le 14 octobre 1006, cette charte est postérieure à cette époque, il ne peut donc être ici question du premier voyage de Foulque à Jérusalem qui eut lieu en 1003.

1020 et 1033. — Charte de Foulque Nerra dotant l'abbaye de Saint-Nicolas et en nommant le premier abbé. *Breviculum Sançti Nicholai.*

1020-1038 ou 1040. — Notice tirée du *Bréviaire de Saint-Nicolas d'Angers* contenant le récit du deuxième et du troisième voyage de Foulque Nerra à Jérusalem et la fondation de Saint-Nicolas. *Breviculum*, p. 1. *Epitome fundationis S. Nicolai*, p. 1.

1022-1023 et 1024. — Foulque Nerra, étant à Vendôme, affranchit un serf, qui dépendait du domaine de l'abbaye de Marmoutier. *Cartulaire des Serfs*, c. 41.

1023 ou 1024.—Foulque, pour le salut des âmes de sa femme Hildegarde et de son fils Geoffroi, abandonne les droits que lui, Geoffroi son père et Foulque son grand-père levaient injustement sur les terres de Saint-Martin. *Appendix à la Pancarte noire*, n° 170.

1028. — Charte notice racontant comment Foulque Nerra enleva de force la sixième partie des revenus de Saint-Remy-sur-Loire aux religieux de St-Aubin, pour en gratifier les chanoines de Saint-Martin d'Angers. — Cette charte est intéressante, elle indique, avec date, la série des évêques et celle des comtes d'Anjou depuis Foulque le Bon jusqu'à Foulque Nerra. *Cartulaire de Saint-Aubin.*

VI. GEOFFROI MARTEL CINQUIÈME COMTE D'ANJOU. 21 juin 1040-16 novembre 1060.

Geoffroi Martel, né le 14 octobre 1006, mourut le 16 novembre 1060, il ne vécut donc que 54 ans. Il se maria plusieurs fois, mais ne laissa pas d'enfants. La fondation la plus importante de ce prince est celle de la Trinité de Vendôme qui eut lieu en 1040. C'est en cette année qu'il succéda à Foulque Nerra, son père.

Voici la liste des principaux actes qui peuvent servir à son histoire.

1036. — Donation faite aux religieux de St-Maur par Geoffroi Martel, étant à Saumur, d'une terre appelée *Molium* avec une église dédiée à Notre-Dame. *Cartul. de St-Maur*, n° 61.

f

1036. — Geoffroi Martel et sa femme Agnès assistent à la dédicace de l'église de St-Sauveur de Glanfeuil, faite par Hubert, évêque d'Angers. *Cartul. de St-Maur*, cart. 33.

1040. — Geoffroi, dans les assises générales tenues à Angers, fait rendre justice aux religieux de St-Florent, au sujet de certains droits qu'on levait indûment dans la paroisse de St-Georges des Coutures. *Cartul. noir de St-Florent*, n° 46.

Vers 1040. — Geoffroi et sa femme Agnès confirment les religieux de St-Nicolas dans la possession des biens, qui leur ont été donnés par le comte Foulque récemment décédé. *Breviculum S. Nicolai*, p. 9.

1040-1045. — Geoffroi donne aux religieux de St-Maur l'église de St-Hilaire-sur-Are, qui relevait en fief de Guillaume, comte de Poitiers et que Geoffroi, vicomte de Thouars, tenait en bénéfice. *Cartul. de St-Maur*. n° 26.

1040-1045. — Geoffroi donne à l'abbaye de Beaulieu, fondée par son père, l'abbaye de St-Ours avec toutes ses dépendances. D. Martène, *Thesaurus anecdot.* t. I, 151.

1044-1050. — Geoffroi, comte d'Anjou et de Touraine, termine le différend qui existait entre Albert, abbé de Marmoutier, et Fredald, surnommé Bigotus, au sujet de treize arpents de vignes, qui dépendaient du domaine de Marmoutier. — *Dom Housseau*, n° 6712.

1044-1050. — Geoffroi Martel confirme la donation faite en sa présence à Orléans par son cousin Thibaud aux chanoines de St-Laud d'Angers. *Collect. Housseau*, n° 458.

1048-1060. — Geoffroi Martel, étant à Beauvoir avec ses barons, fait droit aux réclamations que lui font les religieux de St-Aubin, au sujet du château de Durestal, qu'il venait de construire. *Cartul. de St-Aubin*, c. 308.

Vers 1050. — Geoffroi Martel fait rendre justice aux religieux de St-Aubin contre Hilduin, son prévôt, qui prétendait faire paître les vaches du comte dans les prés des religieux, *Archiv. de St-Aubin.*

Vers 1045. — Geoffroi, pour dédommager les religieux de St-Julien des torts qu'il leur avait causés en assiégeant la ville de Tours, leur accorde l'exemption de tous droits de péage et de tonlieu, dans toute l'étendue de la terre de Sablé. *Cartul. de St-Julien*, f. 36 v.

Vers 1047. — Geoffroi Martel fonde la collégiale de St-Laud d'Angers. *Dom Housseau*, n° 457.

Vers 1050. — Geoffroi, comte d'Anjou et de Touraine, remet à l'abbé et aux religieux de Marmoutier certaines coutumes, qui se percevaient à Fontenai sur les terres des religieux. *Archiv. de Marmoutier*, dom Houss., n° 531.

1050. — Geoffroi et la comtesse Agnès, sa femme, donnent l'église de Toussaints d'Angers à l'abbaye de la Trinité de Vendôme. *Archiv. de Toussaints d'Angers*.

Vers 1050. — Geoffroi, comte d'Anjou, donne à l'abbaye de Ste-Geneviève de Paris la voirie du lieu de *Borreto*, qu'il tenait en bénéfice du roi Henri dans le comté de Senlis. *Gallia christ.* t. VII, *Instrum.* col. 222.

Vers 1055. — Donation d'un four, faite par la comtesse Grecie à St-Nicolas d'Angers, du consentement de Geoffroi. *Epitome fundationis S. Nicolai*. p. 48.

Vers 1055. — Geoffroi renonce aux coutumes qu'il percevait sur les terres de la Couture appartenant aux religieux de St-Maur. *Cart. de St-Maur*, c. 37.

1053. — Guillaume, fils de Sigebrand de Passavant, abandonne tous les usages qu'il avait sur les terres de St-Hilaire de Montiliers, appartenant aux religieux de St-Florent. Ce fut fait en 1053, l'année où le comte Geoffroi déclara la guerre à Guillaume, comte de Poitiers. *Livre noir de St-Florent*, n° 166. — Dom Houss., n° 540.

Vers 1053. — Charte notice contenant une exemption accordée par Geoffroi Martel aux religieux de St-Nicolas de certains droits de tonlieu sur la Loire et la Mayenne. *Breviculum de* 1616, p. 14.

Vers 1055. — Geoffroi exempte les religieux de St-Florent de certains droits, qu'il percevait sur les terres de St Georges-des-Sept-Voies et de St-Elier. *Livre noir de St-Florent*, n° 52.

1056-1060. — Charte notice contenant un jugement rendu à Angers, en la cour du comte Geoffroi, contre Eudes de Blaizon, au sujet des exactions qu'il commettait sur les terres des religieux de St-Aubin, situées à St-Rémy-la-Varenne et à Chemiré. *Cartulaire de St-Aubin*, f° 57.

1058, 1er mars. — Henri Ier, étant à Angers, confirme, à la demande du comte Geoffroi, son fidèle et son parent, la fondation du monastère de St-Nicolas faite par Foulque Nerra. *Epitome*, page 9.

1058. — Acte constatant qu'en 1058 Geoffroi Martel accompagna le roi Henri dans sa campagne en Normandie contre le duc Guillaume. *Cartul. du Roncerai*, n° 80.

1060. — Geoffroi, étant à Angers au lit de mort, exempte les religieux de Marmoutier de tout droit de tonlieu, pour leurs bateaux naviguant sur la Loire, depuis Nantes jusqu'à Tours. Consentent à cette exemption la comtesse Adèle, sœur du comte, Teutonice, sa femme, Geoffroi, son neveu et son successeur désigné, et Foulque, frère de celui-ci. Dom Housseau, n° 592.

VII. ORIGINE DE LA SECONDE FAMILLE DES COMTES HÉRÉDITAIRES D'ANJOU.

La première maison des comtes héréditaires d'Anjou, fondée en 886 par Foulque le Roux, s'est éteinte dans la personne de Geoffroi Martel, né le 14 octobre 1006. Après la mort de ce prince arrivée en 1060, le comté d'Anjou passa dans la famille des vicomtes d'Orléans ou de Gâtinais, par suite du mariage de Geoffroi de Châteaulandon avec Ermengarde d'Anjou, fille de Foulque Nerra.

Les historiens ont peu insisté sur ce fait. On croit que les Plantagenets sont originaires d'Anjou et remontent au temps de Charles le Chauve. La faute en est aux *Gesta consulum Andegavorum* et surtout au fragment historique, attribué à Foulque Rechin, qui ne font que mentionner, sans y insister, ce changement de dynastie. C'est à peine si le faux Rechin nous révèle le nom de son père, tant il a hâte de raconter l'histoire de ses ancêtres maternels, pour lesquels il n'a pas assez d'éloges. Nos anciens historiens, qui aimaient souvent la besogne toute faite, ont suivi son exemple, et pour quelques-uns d'entre eux Henri II et Richard Cœur de Lion descendent d'Ingelger, regardé comme le premier comte d'Anjou.

Il nous a paru curieux de rechercher cette origine, à dessein laissée dans l'ombre, de la famille des vicomtes d'Orléans qui a donné naissance aux Plantagenets. Malheureusement les documents, qui pourraient nous en instruire, sont rares et leurs renseignements insuffisants.

La famille des vicomtes d'Orléans ou de Gâtinais apparaît dans l'histoire en même temps que celle de Foulque le Roux. Dans cette charte déjà citée par laquelle le comte Eudes rend en 886 aux religieux de Marmoutier les biens qu'ils possédaient en Italie (1), on voit figurer parmi les témoins, en même temps que Foulque le Roux, Atton, vicomte de Tours et Guarnegaud, vicomte de Blois, un Aubri, *Albericus*, qui est probablement le premier ancêtre connu des Plantagenets. Il est vrai qu'on ne possède pas d'autre renseignement sur ce personnage et que, pour descendre de lui à Geoffroi de Châteaulandon, père de Foulque Rechin, nous ne pouvons nous appuyer que sur ce fait, que la vicomté d'Orléans a été possédée alternativement par un Aubri et par un Geoffroi, ce qui fait supposer qu'ils appartenaient à la même famille.

En effet, au mois de mai 942, Hugue le Grand était au lieu dit *Fontanæ*, près d'Orléans, il y ratifia la donation faite aux religieux de Saint-Julien par un de ses fidèles, nommé Robert, de l'église de St-Martin de Chanceaux, située en Touraine (2). La charte, qui contient cette confirmation, fut signée du marquis Hugue et de ses principaux fidèles, parmi lesquels figure, à côté de Foulque le Bon, comte d'Anjou, de Thibaut, vicomte de Tours, de Geoffroi, vicomte du Mans, de Bernard, comte de Senlis, Geoffroi, vicomte d'Orléans, que nous supposons fils d'Aubri mentionné plus haut.

En 957, ce premier vicomte était remplacé par un autre du nom d'Aubri (3), qui signa en 966 la charte par laquelle Geoffroi Grisegonelle remplaça par des moines les chanoines de St-Aubin d'Angers (4). Il n'est pas douteux que cet Aubri ne soit le fils du vicomte Geoffroi qui vivait en 942, mais entre lui et Geoffroi de Châteaulandon, mari d'Ermengarde, il a dû exister un troisième vicomte, qui n'a pas laissé de traces dans l'histoire ou du moins

(1) Voy. ci-dessus p. LIX, note 1.
(2) Voy. ci-dessus p. LXIV, note 1.
(3) Pièces justificatives, n° 10.
(4) Voy. ci-dessus p. LXIX, note 1.

sur lequel on ne possède aucun renseignement. S'appelait-il Aubri comme son père ou Geoffroi comme son grand-père? La seule réponse qui puisse être faite à cette question est le témoignage de Ménage, qui, dans son *Histoire de Sablé*, s'exprime ainsi : « Geoffroi de Châteaulandon, père de Foulque Rechin, ce qui est connu de peu de personnes, était fils de Geoffroi, comte (*sic*) de Gâtinais et de Béatrix, fille d'Albéric II, comte de Mâcon. » Quoi qu'il ne faille pas toujours ajouter foi aux assertions de Ménage, quand elles ne sont pas contrôlées par les textes, celle-ci a pu être puisée dans un document qui ne nous est pas parvenu. Elle a du moins le mérite de s'accorder avec les données historiques fournies par d'autres sources, et elle permet de combler la lacune qui existe entre le vicomte Aubri cité en 966 et Geoffroi, mari d'Ermengarde, qui dut naitre vers l'an 1000, puisqu'il était marié en 1035 ou 1038 au plus tard (1). Ce Geoffroi, comte de Gâtinais, comme l'appelle Ménage, grand-père de Foulque Rechin, est peut-être le comte Geoffroi mentionné dans un diplôme de Hugues Capet comme ayant fait une donation à l'église d'Orléans du temps de l'évêque Arnoult, c'est-à-dire peu de temps auparavant.

Il peut cependant rester quelque incertitude sur le nom même du père de Geoffroi le Barbu et de Foulque Rechin. Le fragment historique qui porte le nom de ce dernier les dit fils de Geoffroi de Châteaulandon ; mais Orderic Vital et une chronique abrégée des comtes d'Anjou (2) prétendent que Foulque Rechin était fils d'Aubri, vicomte de Gâtinais ; si on admet que la chronique attribuée à Foulque Rechin est un ouvrage apocryphe, elle ne peut inspirer plus de confiance qu'Orderic Vital, et alors il restera incertain de savoir si le mari d'Ermengarde s'appelait Aubri ou s'il s'appelait Geoffroi.

Nous terminerons cette notice en donnant la liste des comtes d'Anjou depuis la mort de Geoffroi Martel jusqu'à l'époque où cette province a été réunie à la couronne.

---

(1) Foulque, le plus jeune de ses fils naquit en 1043 d'après l'ouvrage qui lui est attribué.

(2) Voy. dans ce volume la chronique abrégée attribuée à tort à Thomas de Loches ou de Parcé, p. 333.

Geoffroi le Barbu	de	1060	à	1067
Foulque Rechin	de	1067	à	1109
Foulque le Jeune	de	1109	à	1129
Geoffroi le Bel	de	1129	à	1151
Henri II	de	1151	à	1189
Richard Cœur de Lion	de	1189	à	1199
Arthur	de	1199	à	1202
Jean sans Terre	de	1202	à	1203

ÉMILE MABILLE.

PIÈCES JUSTIFICATIVES.

I

ÉCHANGE DE TERRES SITUÉES A SAINT-LUBIN EN VERGONAIS DANS LE COMTÉ DE BLOIS FAIT ENTRE ROBERT LE FORT ET ACTARD ÉVÊQUE DE NANTES.

(Mai 865.)

Commutationes, quas leges Romanæ transactiones appellant, inter certas personas factas post legitima tempora, id est post XXV annos habentes ætatis, sub invocatione nominis dei et designatione regis inviolabiles permanere decernuntur, quas qui solvit ac violat et infamia notatur et quod accipit, committit et summa, quæ in scripto continetur, multatur. Igitur ergo placuit atque convenit inter illustrem virum Robertum comitem, necnon et Actardum, venerabilem Nanneticæ sedis episcopum, ut inter se terras commutare vel transagere deberent. Quod ita et fecerunt. Dedit igitur illustris vir Robertus comes partibus Actardi episcopi, de terra comitatis Blesensis et in vicaria Everdunensi sive in villa Gabrio, de ratione Sancti Leobini et hereditate Amalrici et Frodilæ et heredum suorum, quam ipsi heredes jam cum ipso episcopo commutaverant et sibi hoc complacuisse scripto notaverant, arpennos II minus sex dextros de terra limoso, junco repleta, quæ terminatur ab una parte via publica, ab alia terra prædicti Actardi, a cæteris vero partibus terra Sancti Leobini vel ipsius præsulis. Ad hanc recompensationem dedit Actardus episcopus partibus illustrissimi viri Roberti militis comitatui Blesensi (1), de ratione Sancti Leobini seu partibus prædicto-

(1) Le comté de Blois.

rum heredum, in eodem pago Blesensi et in eadem vicaria Everdunensi (1), prope villam Gabrium (2), aripennos II minus sex dextros, qui terminantur ab una parte via publica, a cæteris pene partibus terra Sancti Leobini et prædictorum hæredum. Dedit etiam præfatus illuster vir Robertus comes partibus Actardi episcopi, in eodem pago, et in eadem villa Gabrio, de ratione Sancti Leobini comitatus sui et hereditate Gauleni et Fredeberti et heredum suorum, inter pratum et terram arabilem aripennos V, qui terminantur ab una parte et una fronte terra ipsius Actardi episcopi, a cæteris vero partibus terra Sancti Leobini et via publica. Ad hanc recompensationem dedit prædictus venerabilis episcopus Actardus, partibus illustrissimi viri Roberti comitis, comitatui videlicet Blesensi, vel rationi Sancti Leobini, seu partibus prædictorum heredum in eodem pago, et in eadem vicaria et prope villam Gabrium, inter terram arabilem et pratum aripennos V, in alio loco aripennos III et tres partes alterius aripenni, qui terminantur a tribus partibus terra Sancti Leobini, a quarta vero parte ipsius Actardi et via publica, et in alio loco in eodem pago et in eadem vicaria et juxta prædictam villam Gabrium, de prato aripennum unum et quarterium, qui terminatur ex omnibus partibus terra Sancti Leobini et via publica. Dedit præterea præfatus illuster vir Robertus comes partibus Actardi episcopi in eodem pago et in eadem vicaria et in eadem villa Gabrio, de ratione Sancti Leobini comitatus sui et hereditate Gauleni et Frodeberti et heredum suorum, inter vineolam, casalem, Fontaniles et cortilem, et aliam in latere montis vineolam aripennum I quarterium minus, qui terminantur ab una parte pervio publico, a cæteris partibus terra Sancti Leobini et prædictorum heredum. Ad hanc recompensationem dedit prædictus Actardus episcopus partibus illustrissimi viri Roberti comitis, comitatui videlicet Blesensi vel rationi Sancti Leobini seu partibus prædictorum hæredum in eodem pago et in eadem vicaria, prope villam Gabrium, de prato optimo aripen. 1, qui terminatur ex omnibus partibus terra Sancti Leobini (3) cum pervio suo. Dedit etiam supra memoratus

(1) La viguerie d'Averdon.

(2) Auj. Saint-Lubin en Vergonais qui dépendait de la prévôté de Suèvres, dépendant elle-même de Saint-Martin de Tours.

(3) Saint-Lubin en Vergonais, ancienne abbaye.

illuster vir Robertus comes, partibus Actardi episcopi, in eodem pago, et in eadem vicaria et in eadem villa Gabrio, de ratione Sancti Leobini comitatus sui et hereditate Witichardi et Otgarii et heredum suorum, inter silvam, boscora et terram incultam et particulam terræ arabilis arip. XV, qui terminantur ab una parte terra vel vinea ipsius Actardi episcopi, a cæteris vero partibus terra Sancti Leobini cum perviis suis. Ad hunc recompensationem dedit prædictus episcopus Actardus partibus illustrissimi viri Roberti comitis, comitatui videlicet Blesensi, vel rationi Sancti Leobini seu partibus prædictorum heredum in eodem pago et in eadem vicaria et prope villam Gabrium inter Sisciam (1), et Ligerim de terra culta et optima inter duo loca aripennos XV, qui terminantur ex omnibus partibus terra Sancti Leobini cum perviis suis vel ipsius et est prope villam Wadi qui dicitur Genevas. Hæc omnia superius inserta, pars parti sibi invicem tradidit et confirmavit, ita ut illuster vir Robertus comes et successores sui, seu pars Sancti Leobini et heredes suprascripti de hoc quod acceperunt, faciant sicut de cæteris rebus Sancti Leobini et sui comitatus vel præfati heredes sicut de cætera sua hereditate, et sæpedictus episcopus venerabilis Actardus de hoc quod accepit, faciat sicut de cætera sua proprietate. Unde duas fieri placuit cartulas uno pene tenore conscriptas, unicuique eorum unam, pro totius rei firmitate retinendam, utrorumque et bonorum virorum hominum manibus roboratam. Placuit eis etiam hoc inserere, ut qui pari suo calumniam ex hoc in postmodum vel successori temptaverit inferre, sub invocatione nominis dei et regis Karoli minorum centum cogatur multam persolvere et hæ commutationes vel transactiones diuturno tempore firme valeant perdurare. Actum Bleso castro publice. Signum Roberti comitis, qui hanc commutationem fieri vel firmare rogavit.

Data mense madio, anno XX quinto regnante Karolo gloriosissimo rege.

Albertus presbyter scripsit et subscripsit.

Ex pancarta nigra S. Martini Turonensis, f. 67. — Copie, *Armoires de Baluze*, 76, p. 320.

---

(1) La Cisse, qui passe à Saint-Lubin en Vergonais.

II

DONATION FAITE PAR ARDRADUS FRÈRE DU VICOMTE ATTON, AU CHAPITRE DE SAINT-MARTIN D'UNE VILLA SITUÉE DANS LE PAYS D'ORLÉANS.

(29 septembre 898.)

Multipliciter multiplex omnipotentis misericordia dei perplurimum honorare voluit genus humanum, dum cuique mortali largiri dignatus est et ex terrenis rebus cœlestia et ex temporalibus ac transitoriis sempiterna possit præmia mercari, ipso domino misericorditer promittente : *Date elemosinam et omnia munda fient vobis.* Quapropter Ego in dei nomine Ardradus de tanta omnipotentis dei promissione bene securus, tractans modum infirmitatis humanæ, pavensque molem mearum nequitiarum et pertimescens utrumque diem judicii, ut eundem omnipotentem dominum factorem et redemptorem, de cujus misericordia nullatenus dubito, piissimum in die meæ necessitatis invenire merear, insuperque pretiosissimum confessorem ejus sanctum, cui me totum et anima et corpore committo, et sub cujus protectionis alas de ipsius mercede bene confisus confugio, piissimum intercessorem invenire merear, pro remedio genitoris mei domni Attonis ac etiam genitricis meæ, necnon et remissione meorum facinorum offero omnipotenti Deo et sancto confessori ejus Martino, ad usus suorum canonicorum alodum juris mei, villam videlicet Bainam, cum domibus, vineis, silvis, pratis, aquis, mobilibus et immobilibus, et cum hominibus, ac mancipiis utriusque sexus, cum terris cultis et incultis et cum omnibus suis appenditiis, in quibuscunque adjaceant locis, utilitatibus et adjacentiis, de meo jure et dominatione in jus et potestatem Sancti Martini suorumque canonicorum cedo, dono, trado, atque transfundo perpetualiter ad possidendum. Eo siquidem rationis tenore ut sub prætextu Sancti Martini ac consensu prædictorum suorum canonicorum

frater meus Atto, ipsum alodum sub omni integritate, quandiu advixerit, extra communionem suorum omnium parentum et amicorum teneat et possideat, reddens fratribus in die depositionis meæ ob memoriam meam, meorumque omnium parentum et amicorum, argenti libram unam. Quod si ex hac institutione neglegens aut tardus extiterit, id ipsum contra fratres legaliter emendare studeat aut res.... statim amittat. Post suum vero digressum, ad quem sine dubio venturus est, præfatas res omnes potestas sancti Martini ad peculiares usus, ut diximus, fratrum sine alicujus exspectata consignatione aut contradictione revocare studeat, sicut sunt sitæ in pago Aurelianense in vicaria (1)
habentes licentiam secundum propriam legem faciendi exinde quicquid voluerint. Si autem fuerit aliquis ullo unquam tempore, quod nullatenus fieri posse credo, scilicet ullus de heredibus ac proheredibus meis, seu etiam alia quælibet aliunde intromissa persona, quæ contra hanc devotissimam meam elemosinam, aliquam repetitionem movere temptaverit, in primis iram omnipotentis dei et offensam sancti Martini, nisi citissime resipuerit, incurrat, et insuper contra quibus litem intulerit legali decreto, auri ad purum excocti libras LX coactus exsolvat, et insuper hujus meæ contulitionis et elemosinæ auctoritas meis ac fratris mei Attonis, aliorumque parentum meorum, sive nobilium virorum manibus corroborata, firma, et inviolabilis ac diuturna ubique permaneat.

Signum Ardradi, qui hujus Elemosinæ auctoritatem consentientibus suis parentibus fieri et affirmare rogavit. Signum Attonis fratris sui vicecomitis. Signum Gunberti avunculi ipsorum. Signum Fulconis vicecomitis. Signum Maingaudi nobilis vasalli. Signum Rainaldi vicarii. Signum Ebuli vicarii. Signum Gauzelmi. Signum Gualterii. Signum Abbonis legislatoris.

Data est autem hujus donationis auctoritas III kal. octobris in basilica Beati Martini ad ipsam sepulturam, ubi isdem sepeliebatur Ardradus, anno I regnante domno Karolo rege.

Archanaldus levita gregis beati Martini ac scolæ secundicerius rogatus scripsi et subscripsi.

Archives de St-Martin. — Copie, *Armoires de Baluze*, 76, p. 38.

---

(1) Le nom était resté en blanc dans le cartulaire.

III

DONATION FAITE A SAINT-MARTIN PAR ARCHAMBAULT ET SA FEMME INGILRADE, DE PLUSIEURS BIENS SITUÉS EN TOURAINE DANS LA VIGUERIE D'ESVRES.

(5 juillet 905.)

Multipliciter multiplex omnipotentis misericordia dei perplurimum voluit honorare genus humanum dum cuique fidelium mortalia largiri dignatus est, ut ex temporalibus sempiterna et ex caducis et transitoriis rebus cœlestia possit regna mercari, ipso domino in evangelio misericorditer pollicente : date Elemosinam et omnia munda fient vobis. Si ergo locis sanctorum et divinis cultibus mancipatis res nostras offerimus et devotis mentibus condonamus, id nobis in perpetua beatitudine retribuere confidimus, dicente domino, centuplum accipietis et vitam æternam possidebitis. Nos igitur in dei nomine Archambaldus et uxor mea Ingilrada de tanta omnipotentis dei misericordia bene confisi, et quo pretiosissimum confessorem ejus domnum nostrum Martinum in die ultima nostræ necessitatis piissimum intercessorem invenire mereamur, offerimus.... pantc, condonamus, omnipotenti deo et prætitulato egregio confessori ejus Martino.... videlicet suorum usus canonicorum partem rerum nostrarum ; hoc est alodum proprii juris nostri.... hereditario ordine possidemus, situm in pago Turonico, in vicaria Evenense (1), in villa.... cum terris cultis et incultis, vineis arpennis duobus, aquis, arboribus et omnibus suis aliis adjacentiis et utilitatibus perpetualiter ad possidendum. Donamus etiam illis alterum nostrum alodum similiter in pago Turonico situm et in præscripta vicaria in villa nuncupante Fontanas (2),

(1) La viguerie d'Esvres, canton de Montbazon, arrondissement de Tours (Indre-et-Loire).

(2) La Fontaine, commune d'Esvres.

cum domibus, pratis, terris cultis et incultis, aquis aquarumque decursibus, pascuis, omnibusque aliis suis adjacentiis, in quibuscunque adjacent locis. Et in tertio loco, in ipso pago et in ipsa vicaria, in villa quæ dicitur Linarias condonamus similiter Cavo arbore alodum nostrum, cum terris cultis et incultis, quæsitis et inquirendis, arboribus et omnibus suis aliis adjacentiis. Hæc quidem omnia superius prælibata pro amore dei et sancti Martini ac remissione nostrorum criminum, de nostro jure ac dominatione in jus et potestatem Sancti Martini donamus, tradimus atque transfundimus perpetualiter ad possidendum. Ea tamen ratione ut quandiu advixerimus, eosdem alodos sub omni integritate teneamus, reddentes annis singulis ex ipsis ad missam sancti Martini hiemalem, in usus suorum canonicorum, censum sol. II, et post nostrorum amborum decessum filius noster Gerardus nomine, gregis ipsius sancti Martini canonicus, per consensum suorum confratrum quandiu advixerit res easdem cum omni emelioratione, sub præfata censura similiter teneat et possideat. Si vero ex instituto censu neglegens exstiterit, id ipsum emendare studeat. Si autem fuerit aliquis ex nobis aut ex heredibus nostris vel quælibet intromissa persona, quæ contra hanc nostram auctoritatem et hujus contulitionis elemosinam aliquam repetitionem movere temptaverit, quod repetierit non evindicet, sed contra quibus litem intulerit argenti libras XX coactus exsolvat, et insuper hæc nostra donatio nostris aliorumque nobilium virorum manibus corroborata firma et inviolabilis ubique permaneat.

Signum Archambaldi et uxoris suæ Ingilradæ, qui hanc cessionem fieri et firmare rogaverunt.

Signum Fulconis Turonorum et Andecavorum vicecomitis. Signum Gauzleni comitis et yppocomitis palatii. Signum Guarini vasalli dominici. Signum Guarnegaudi vicecomitis vel graphionis. Signum Burchardi comitis vel graphionis; signum Bernerii; signum Eboli vicarii. Signum Gualcherii; signum Adalardi; signum Gauzelmi. Signum Gualterii; signum Eudonis; signum Ebbonis. Signum Amalrici legislatoris.

Data est autem hujus cessionis auctoritas III nonas [julii] missa videlicet sancti Martini, ante altare ipsius, post horam primam, cum præscriptus Gerardus clericaretur, et firmata III non. julii ad Lucas castrum in prato anno VIII Karoli regis.

Archanaldus gregis beati Martini Levita rogatus scripsi et subscripsi.

Archives de St-Martin. — Copie, *Arm. de Baluze*, 76, p. 59.

IV

DONATION FAITE AU CHAPITRE DE SAINT-MARTIN PAS LES EXÉCUTEURS TESTAMENTAIRES DE GAUZUIN, DOYEN, CONFORMÉMENT A SES DERNIÈRES VOLONTÉS, D'UN ALEU SITUÉ EN TOURAINE DANS LA VIGUERIE DE MONTLOUIS.

(30 octobre 909.)

Multipliciter multiplex omnipotentis misericordia dei perplurimum voluit honorare genus humanum, dum cuique fidelium mortali largiri dignatus est ut ex terrenis cœlestia, et ex temporalibus atque caducis rebus sempiterna possit regna mercari, ipso domino misericorditer pollicente : *Date enim*, inquit, *elemosinam et omnia munda fient vobis.* Nos igitur in dei nomine Elemosinarii qui fuimus domni Gauzuini gregis beati Martini sacerdotis atque decani, Tetolo videlicet et Hildebertus sive Ledramnus sacerdotes, Archanaldus quoque sive Erlandus levitæ, necnon et Bartholomeus subdiaconus, secundum præceptum et devotissimam commendationem ipsius domni Gauzuini qui sanctum Martinum suum heredem pia et devota mente esse voluit atque constituit, vice ipsius domni Gauzuini ut deus omnipotens per intercessionem piissimi patris sui ejusdem domni Martini, quem semper ardenti desiderio et sitienti corde diligebat, suorum dimittere ac solvere dignetur vincula peccatorum, cedimus pariter et concedimus atque condonamus eidem omnipotenti deo et pretiosissimo confessori Christi domno Martino, ad peculiare suorum canonicorum alodum quendam suum, quem per legitimam commutationem ex potestate Sancti Pauli Cormaricensis (1)

(1) Saint-Paul de Cormeri, abbaye, canton de Montbazon, arrondissement de Tours.

cum domno Aimone abbate et monachorum grege ejusdem apostoli Pauli, sibi commisso adquisierat, hoc est terram arabilem, habentem in se totum in circuitu perticas CCCXLI, ad perticam legitimam de pedibus VII et medio, ac digitis tres, in qua terra arabili idem domnus Gauzuinus de vinea aripennos II jam plantatos habebat. Est autem ipse alodus vel terra arabilis cum mansione et ipsa jam plantata vinea atque calcatorio situs in pago Turonico, in vicaria Montis Laudiacensis (1), in villa Noviento (2); terminatur autem de uno latere et una fronte terra ipsius Sancti Pauli, de alio vero latere via publica et ex altera fronte terra Sancti Martini ex thesauro, quam tenebat domnus Gauzuinus, sed modo tenet eam nepos ipsius Erlandus ; intra istas terminationes totam et ad integrum. Condonamus etiam ipsi Sancto Martino similiter, ad peculiare fratrum, alodellum alterum, quem suis pretiis de Bernuino legaliter comparaverat, situm in præscripto pago et vicaria atque villa, habentem in se inter vineam et terram arabilem ad prædictam perticam aripennos III; terminatur autem ex una parte alodo domni Erberni archiepiscopi, ex tertia vero parte vinea Sancti Mauricii, quam modo tenet Erlandus et ex quarta parte via publica, et in alio loco aripennum de prato pertinentem ad ipsum alodellum. Terminatur ipse aripennis de prato ex una parte silva communi, ex altera parte beria quæ dicitur Meldedonus, ex tertia parte prato cujusdam hominis nomine Constantii et de quarta parte prato Sancti Pauli, quem tenet Erlandus. Intra tales terminationes hæc omnia superius comprehensa, de nostro jure in jus et potestatem Sancti Martini suorumque canonicorum ad eorum peculiare concedimus et condonamus atque transfundimus, perpetualiter ad possidendum, ita ut quicquid ab hodierna die, ex ipsis rebus facere voluerint, secundum propriam legem, liberam et firmissimam habeant potestatem quod voluerint faciendi. Si autem fuerit aliquis ullo unquam tempore, qui contra hanc tam devotam elemosinam et donationem aliquam calumniam vel repetitionem generare aut movere temptaverit, quod repetierit non evindicet, sed e contra quibus litem intulerit libras argenti XII coactus exsolvat, suaque repetitio

(1) La viguerie de Montlouis, arrondissement de Tours.
(2) Noui, commune de Montlouis, arrondissement de Tours.

nullum effectum obtineat. Hæc autem donatio nostris aliorumque nobilium virorum manibus corroborata firma et inviolabilis semper et ubique permaneat.

Theotolo præcentor, et levita, primus domni Gauzuini elemosinarius huic donationi subscripsi. Ego Hildebertus secundus huic auctoritati subscripsi. Ego Archanaldus tertius domni Gauzuini elemosinarius huic donationi subscripsi. Erlandus quartus elemosinarius et nepos ipsius propria firmavit manu. Ego Bartholomæus quintus elemosinarius propria firmavi manu. Ledrannus levita et sextus elemosinarius firmavi hoc.

Signum domni Fulconis Andecavorum comitis; signum Tedbaldi Turonorum vicecomitis.

Data est autem hujus elemosinæ auctoritas III kal. novembris in civitate Turonis, anno XII, regnante domno Karolo rege.

Ex Pancarta nigra Sancti Martini, f. 96. — Copie, *Arm. de Baluze*, 76, p. 96.

V

BIENS DONNÉS EN PRECAIRE PAR LE CHAPITRE DE SAINT-MARTIN DE TOURS A GUMBERT ET A SA FEMME BERTHE.

(30 mai 914.)

Nos igitur Robertus in dei nomine gregis atque rerum incliti confessoris Christi beati Martini abbas necnon et filius noster Hugo, cui post nos cum seniore nostro rege Karolo omnes honores nostras impetratas habemus, percognitum et manifestum esse volumus successoribus nostris ejusdem Sancti Martini abbatibus quoniam accesserunt ad nos familiaritatis quidam pernobiles ac deo devoti homines, Gumbertus scilicet et uxor ejus Bertaidis, offerentes deo et sancto confessori ejus domino nostro Martino, ob remedium animarum suarum suorumque infantium, more precario, res quasdam ipsorum proprias, id est mansum unum indominicatum, cum terris cultis et incultis, pratis, silvis, culturis dominicatis, pascuis et farinario, ad quem pertinent alii mansi quinque, similiter cum omnibus eorum utilitatibus et adjacentiis, cum mancipiis utriusque sexus in eisdem commanentibus, Eringerio videlicet et Gerbaldo et uxore ejus Ermengardi, Godomo etiam, Ingilgerio et uxore ejus Adalburgi, Brodoino denique et uxore ejus Gelia, Adalardum insuper atque Sulpicium cum omnibus aliis rebus prædicto manso pertinentibus et camba I. Est autem ipse mansus ad quem alii pertinent situs in pago vel Comitatu Hainoense, in vicaria Banciasense, in villa a Peiz vel Petia, perpetualiter habendum; obtulerunt etiam eidem sancto Martino in alio loco, alterum mansum illorum indominicatum, cum ecclesia constructa in honore sanctæ Mariæ, cum terris cultis et incultis, silvis, pratis, aquis, pascuis et aliis mansis, ad ipsos pertinentibus et cum mancipiis eisdem pertinentibus, Franchin, Magenfrid, Leutgard, Ragenein, Brodechin, Gelegt, Otoard, Edran et molendino I sito in pago Bracbantisse (1), in villa Guatremal (2) similiter perpetualiter habendum. Dederunt etiam in tertio loco, mansum tertium indominicatum situm in comitatu vel pago Tornacensi (3) in vicaria Tornaica, super ripam Scalti (4) fluminis in villa Guislinc, cum terris cultis et incultis, pascuis, pratis, aquis aquarumque decursibus et molendino, silvis, et omnibus aliis adjacentiis, inter præscriptos dominicatos mansos, alios mansos V, ad ipsos pertinentes cum omnibus eorum adjacentiis et utilitatibus perpetualiter possidendos. Simulque pariter precabantur ut ex rebus Sancti Martini cujus defensores et abbas esse videbamur, mansum unum indominicatum sed ex triginta retro annis a Normannis penitus destructum et inhabitabilem, cum campis, silvis, pratis, pascuis et cum locis duobus ad duas ecclesias, quæ quondam ibi fuerunt reædificandas, unam in honore sanctæ Fareldis et alteram in honore sancti Salvi, situm in pago et in comitatu Austrobannensi (5) super fluvium Scaldi in villa Lancianis (6) cum aliis sex mansibus

(1) Le Brabant (Belgique).

(2) Watermael (Belgique), prov. de Brabant, arrondissement de Bruxelles, commune d'Overrysche.

(3) Le Tournaisis.

(4) L'Escaut.

(5) L'Ostrevant.

(6) Valenciennes (Nord)

ad ipsum pertinentibus et mancipiis ad ipsos aspicientibus XX, quorum hæc sunt nomina, Ingelbert, item Ingelbert, Erad, Guarembert, Guibert, Salomon, Teinbalt, Aldon, Restet Sicart, Adalven, Alcuvin, Tatolet dominicus, Hucbertus, Ledeuvart, Bernehart, Sigebald, Arevelt, Farcinta, Deodata, Rotberga, et omnibus aliis rebus ipsis pertinentibus, ipsos etiam tres ipsorum mansos indominicatos supradictos, cum decem aliis mansis quos Sancto Martino condonabant, ad ipsos aspicientibus eis et duobus tantum infantibus ipsorum, Stephano videlicet et Gumberto, per consensum sancti Martini canonicorum nostrorumque aliorum fidelium sub censum institutione concederemus. Quorum deprecationem non indebitam cognoscentes, concessimus eis præscriptas res omnes, ipsas videlicet quas Sancto Martino condonabant, ipsas sub omni integritate, quas ex rebus Sancti Martini possidebant, in quibuscunque adjaceant locis, eo siquidem rationis ordine et tenore ut studeant ipsi et post discessum ipsorum duo præscripti filii, Stephanus videlicet atque Gunbertus, reddere annis singulis ad usus canonicorum Sancti Martini cujus res esse videantur, licet in nostrum dominium teneantur ad missam ipsius hiemalem solidos CD. et sic diebus quibus advixerint, et qualiscumque ex ipsis quatuor super nos extiterit quieto illos ordine cum omni emelioratione teneant et possideant. Si autem ex instituto censu negligens aliquis extiterit, id ipsum eis emendare liceat et quod voluerint non amittant.

Signum sanctæ crucis domni Roberti abbatis, qui hanc precariam fieri et affirmare rogavit. Signum Hugonis filii sui, qui sub eodem eam firmavit. Tetolo sacerdos et decanus subscripsit. Robertus levità atque archiclavis subscripsit. Signum Erberti comitis. Signum Gauzlini comitis. Signum Hervici Sancti Martini advocati. Signum Fulconis vicecomitis.

Data est hujus præcariæ auctoritas III kal. junii, in civitate Turonis, in pleno fratrum capitulo anno XVII regnante domno Karolo rege.

Ego Archanaldus diaconus ac scholæ magister scripsi et subscripsi.

Ex Pancarta nigra Sancti Martini, p. 130. — Copie, *Arm. de Baluze*, 76, p. 88.

VI

DONATION DE FOULQUE LE ROUX, COMTE D'ANJOU, A SAINT-AUBIN D'ANGERS.

(929.)

In nomine domini nostri et salvatoris Jhesu christi, Ego Fulco, Andecavorum comes et abbas quoque Sancti Albini Sanctique Licinii, necnon et uxor mea Roscilla, et filii mei Widdo ac Fulco nullius cogentis imperium, sed nostra plenissima voluntate, fatetur nos pro dei amore et pro remedium meæ animæ, vel animæ Ingelgerio genitore meo atque Ingelgerio filio meo, necnon pro anima Warnerio socro meo, et uxore sua Tescenda, ut pius dominus de peccatis nostris indulgentiam habere dignaretur curti Chiriaci cum silvis vel pratis, totum ad integrum in inquisitum quantumcunque in ipso loco, in mea videtur esse potestate, vobis trado atque firmo, ut ab hac die ac deinceps habeatis, teneatis, possideatis, neminem contradicentem. Est autem prefata curtis super alveum Ligeris. Si quis autem ausu temerario, contra hanc donationem venire aut infrangere conaverit, primitus iram dei omnipotentis incurrat sanctæque Virginis Mariæ, sancti quoque Albini ac sancti Licinii necnon omnium sanctorum dei, et hoc quod repetit non vindicet, et insuper coactus libras X exsolvat, et presens scriptio firma ac stabilis permaneat cum stipulatione subnixa.

Signum Fulconis vicarii. Signum Hervei episcopi. Signum Letgaudi prepositi. Signum Adhelardo decano. Signum Otberto archidiacono. Signum Herveo presbitero. Signum Rainaldo presbitero. Signum Ysachar diacono. Signum Lisierno subdiacono. Signum Warino. Signum Alveo. Signum Heldemanno. Signum Herneiso. Signum Bernardo. Signum Marcoardo. Signum Widdoni. Signum Siesfredo. Signum Ulgerio.

Actum Andecavis civitate, regnante Rodulfo rege anno VII. Odutumis monachus scripsit. — *Cartul. de Saint-Aubin*, *charte* 716.

VII

HUGUE, DUC DE FRANCE ET ABBÉ DE SAINT-MARTIN DE TOURS, DONNE AU CHAPITRE DU DIT LIEU SON ALEU DE CHATILLON SUR LOIRE EN BERRI ET CELUI DE MORIGNAN EN TOURAINE.

(26 mars 931.)

Multipliciter multiplex omnipotentis dei misericordia perplurimum voluit honorare genus humanum, dum cuique fidelium mortalium largiri dignatur ut ex terrenis rebus cœlestia et ex transitoriis sempiterna possit regna mercari, ipso domino misericorditer pollicente : *date*, inquit, *elemosinam et omnia munda fient vobis*, et iterum per prophetam, *sicut aqua extinguit ignem, elemosina extinguit peccatum*. Quapropter nos in dei nomine, Hugo rector abbatiæ Sancti Martini, de tantis omnipotentis dei promissionibus bene securi, pro amore ejusdem omnipotentis domini atque Sancti Martini egregii confessoris sui et elemosina domni et genitoris nostri Roberti quondam regis ac genitricis nostræ domnæ Beatricis atque nostra, omniumque parentum nostrorum alodum juris nostri, quem ex materna hereditate jure et legaliter nec non quieto ordine possidere videmur, Castellionem nomine (1), cum ecclesiis, id est, Pantiacum (2) et Pometum atque Sanciacum, situm in pago Biturigensi, cum omnibus rebus ad ipsum alodum pertinentibus et in ipso pago sitis, cum mancipiis utriusque sexus desuper commanentibus et ad ipsum aspicientibus cum terris cultis, vineis, silvis, pratis, pascuis et omnibus suis aliis utilitatibus, in quibuscunque adjaceant locis, et in pago Turonico Maurinia-

(1) Châtillon-sur-Loire, avec les églises de Saint-Firmin, Saint-Brisson et Saint-Martin (sur Ocre).

(2) Variante : Spantiacum.

cum (1) alodum similiter nostrum, cum terris cultis et incultis, vineis, silvis, pratis et omnibus aliis adjacentiis, et quicquid Arbertus quondam fidelis noster ex nostro proprio tenuit, in quibuscunque habeatur pagis sive locis, ut præscriptum domnum nostrum Martinum, in die ultimæ nostræ necessitatis piissimum intercessorem habere mereamur, ut pro amore ipsius piissimus redemptor noster omnia nobis peccata dimittat et secum sine fine gloriari permittat. Hæc omnia de nostro jure et dominatione in jus et potestatem Sancti Martini, ad perpetuum solatium suorum canonicorum cedimus, tradimus, atque transfundimus perpetualiter ad possidendum, ut habeant licentiam ex ipsis rebus operandi quicquid voluerint, habentes memoriam nostram in die obitus nostri quocumque acciderit tempore et refectionem in ipsa die, sicuti genitor noster de Nantolio quem sancto Briccio dedit, aliam refectionem in die natalis sancti Briccii dare fratribus similiter jussit. Si autem fuerit aliquis ullo unquam tempore, nos ipsi aut ullus ex heredibus nostris seu quælibet alia intromissa persona, quæ contra hujus nostræ auctoritatis elemosinam aliquam repetitionem movere temptaverit, inprimis iram dei et sancti Martini, nisi se exinde citissime correxerit, incurrat, et insuper contra quos litem intulerit argenti probatæ monetæ solidos DC coactus exsolvat et ejus repetitio nullum effectum obtineat, insuperque auctoritatis nostræ elemosina nostris aliorumque nobilium virorum manibus roborata, firma et inviolabilis semper et utique permaneat.

Signum sanctæ crucis domni Hugonis abbatis, qui hanc elemosinam devotissima mente fieri et affirmare rogavit. Signum Hugonis comitis filii Rotgerii comitis. Signum domni Fulconis. Signum Tedbaldo vicecomitis.

Data VII kal. aprilis, Turonis in castro Sancti Martini, in basilica ante sepulchrum ipsius. Anno VIII regnante domno Rodulfo rege gloriosissimo.

Ego Ebroinus vice Archanaldi diaconi et scolæ primicerii scripsi et subscripsi.

Ex Pancarta nigra, f° 77. — *Armoires de Baluze*, 76, p. 109.

---

(1) Morignan, commune de Manthelan (Indre-et-Loire).

VIII

PLAIT TENU EN PRÉSENCE DE FOULQUE LE ROUX, COMTE D'ANJOU ET DE SON FILS FOULQUE LE BON, AU SUJET D'UN DOMAINE RÉCLAMÉ PAR UN NOMMÉ TESMUNNUS.

(Août 941.)

Notitia qualiter venit quidam sacerdos Sancti Martini nomine Tesmunnus, Ambaziacis castri, idibus Augusti, ante presentiam domni Fulconis et filii ipsius.... quoque Fulconis, cæterorumque nobilium virorum ibidem residentium, reclamans.... alodum suum qui est in villa Avon situs, quem ei avunculus suus Ansebaldus quicto ordine dimiserat, et ipse legitime tenuerat usque illo tempore, quo Normanni eum prædaverunt et in transmarinas partes captum duxerunt, Isembertus malo ordine et contra legem ipsum alodum tenebat. Tunc interrogaverunt eum Domnus Fulco videlicet et præfatus filius ipsius, propter quam causam, ipsum alodum tenebat. Respondit 'dem Isembertus quod suis ratis pretiis præfatum alodum comparaverat, de Guidone, qui habuit quondam consobrinam Tesmunni et ideo eum tenebat. Dixerunt etiam præscripti seniores ut ostenderet cartam aut testimonia, quomodo præscriptum alodum comparaverat. Respondit Isembertus quod neque cartam, neque testimonia exinde habebat. Interrogaverunt etiam præfatum Isembertum si talem advocatum habere posset, qui contra advocatum prælibati Tesmunni in campum hoc approbare auderet, quod prætitulatus alodus plus pertinebat Isemberti per comparationem, quam præfati Tesmunni per paternam atque aliorum parentum hereditatem. Respondit denique Isembertus quod ad statutum placitum advocatum suum ad hoc defendendum præparatum haberet. Judicaverunt ergo ut utrique advocatos suos ad primum mallum adramirent, qui ita unus contra alterum.... potuisset, quod ita et fecerunt. Quando enim ad mallum pervenerunt, prætitulatus Isembertus.... habere potuit, qui contra advocatum Tesmunni hoc defendere ausus fuisset, quia omnibus.... qui ibi aderant, quod præscriptum alodum injuste et contra legem tenebat. Tunc fecit illi domnus Fulco solidos LX reguadiare propter hoc, quod suum advocatum ad statutum placitum adramivit.... habere non potuit. Exinde judicaverunt omnes, qui ibi aderant, quod nullum alium judicium Tesmunnus facere deberet, quam super sanctas reliquias, quia sacerdos erat, propria manu.... quod statim fecit. Et prædictus Isembertus se exinde recredidit et per festucam guerpivit. Tunc nec.... præfato Tesmunno, ut ex tali diffinitione notitiam quæreret, quam statim fieri jusserant. His præsentibus et videntibus acta fuit.

Signum domni Fulconis. Signum Fulconis filii ipsius. Signum Erardi advocati et legislatoris. Signum Arduini legislatoris. Signum Heldemanni vicarii. Signum Guanilonis vicarii. Signum Bernardi. Signum Marchoardi. Signum Fulculfi. Signum Odulgerii. Signum Rainaldi. Signum Adalelmi.

Data mense Augusto, anno domini incarnationis DCCCCXLI, sive anno IIII regnante Hlodovico rege filio Karoli.

Archiv. de Saint-Julien. — Arm. de Baluze, t. 77, f° 74.

IX

HUGUE, DUC DE FRANCE ET ABBÉ DE SAINT-MARTIN DE TOURS, RESTITUE AUX CHANOINES DE SAINT-MARTIN LES BIENS AFFECTÉS A LA PORTERIE DU MONASTÈRE.

(26 décembre 943.)

Sicut ab ipso primordio sanctæ matris ecclesiæ nascentis et per intervalla temporum usque ad finem sæculi tendentis tales semper in gremio ipsius personæ valuerint, quæ ejus uberibus fideliter educatæ eam ex augmentando et sublimando, veluti matri, vicem rependerint, ac fraternæ dilectionis amore flagranter christum in suo corpore glorificando, portare et portando glorificare non destiterint, implentes illud quod ipsa veritas ait : *Diliges dominum deum tuum, ex toto corde tuo et ex tota anima tua et ex omnibus viribus tuis et proximum tuum sicut te ipsum;* sic e contra tales in ea haberi non dubium est, qui quodam nequitiæ suæ divortio vitæ communis usibus invidentes, ipsas oblationes rerum seu facultates, de quibus in suis pauperibus recreari debuit christus, ad augendam cupiditatem suam, simplicioribus subducere et per astutiam sæcularem sibi proprias facere in quantum prævalent, elaborant : hujus etenim socordiæ malum quanto plus est generale, tanto magis fit in membris Christi et ecclesiæ ærumnosum et grave, quo enim diffusioribus prædiis quisque locus deo sacratus istis temporibus constat esse fundatus, et gravioris ruinæ pondere solet esse contritus, et quo altior gradus eo gravior casus. Cum igitur grex Sancti Martini his communiter calamitatibus et aliis quampluribus, partim ex sævitia Normannorum, partim vero ex cupiditate pravorum hominum, intus et de foris emergentium, diutissime et sine intermissione concussus atque vexatus haberetur, tandem compulsus est eam quam patiebatur incommoditatem, una cum auctoritate præceptorum regalium, necnon et apostolicorum privilegiorum, ad notitiam domni Hugonis reverentissimi abbatis perduceret, et quam cupide communes res, unde vivere et vestiri debuerant, ex aliqua parte sibi fuissent subtractæ studiosius intimare. Et ut ad præsens negotium compendiosius explicandum intermittantur cætera, Venciacum (1) cum suis omnibus adjacentiis et integritatibus, Gaudiacum (2) videlicet atque Brittannaico (3), et si quid aliud ad servitium portariæ, ab ipsis canonicis olim fuerat deputatum, reddi sibi ab abbate expetiere devoti. Siquidem nostri majores, hoc est præcedentes patres, studio pietatis omnimodis insistentes et zelo caritatis ferventes, quoslibet ex supradictis villis portariæ Sancti Martini pertinentibus reditus in communes fratrum usus deputaverunt. Verum e contra extiterunt aliqui superbiæ festibus elati ac pravæ cupiditatis, quæ radix est omnium malorum, scabie respersi, qui ministerium

(1) Vencé, aujourd'hui Saint-Avertin, canton et arrondissement de Tours (Indre-et-Loire).

(2) Joué, canton et arrondissement de Tours.

(3) Berthenai, commune du canton de Tours (Indre-et-Loire).

ipsius portariæ non a fratribus gratis ut erat consuetudinis, sed per abbatis imperium datis muneribus quæsierunt, cupientes totam illam potestatem a fratrum communione privare; quod et fecerunt. Qua denique congruentissima gregis jam prælibati petitione idem venerandus abbas crebro pulsatus tanto ei in hujusmodi re præbuit assensum, quanto erga fidelitatem domni Martini egregiique confessoris Christi suumque servitium ipsum cognovit esse promptissimum. Super qua re igitur notitia facta est qualiter venerunt postmodum non parvæ dignitatis legati sanctæ congregationis eximii confessoris Christi beati Martini, Nefingus videlicet levita atque decanus, Guntelmus quoque æque levites et archiclavis; Rainaldus videlicet atque Gualterius et Ernulfus ad vicem reliquorum canonicorum omnium, ad Parisius civitatem; ibique ante presentiam domni Hugonis dulcissimi et sæpenominandi abbatis, renovantes iterum et intimantes piissimæ familiaritati ipsius flebiliter lamentabilem et lamentabiliter flebilem jam præphatam suam suorumque confratrum necessitatem et querimoniam multis ante temporibus inexorabilem et submissa prece rogantes, quatinus ipse sua pietate eis in hac gravi et diuturna jactura laborantibus, pro amore dei et Sancti Martini subveniret et pauca dignaretur ad tempus sibi indulgere terrena ut ei a domino multa recompensarentur æterna. Quorum legitimis petitionibus misericorditer annuens, non solum neglecta et perdita quorum gratia venerant, emendaturum et restauraturum, verum etiam multa eis beneficia in posterum provisurum se esse promisit. Mox accitis non tantum episcopis, qui ibi aderant, immo quibuslibet fidelibus suis utriusque ordinis, aperuit illis causam et pernecessariam petitionem fratrum, requirens ab eis quod vel quale consilium de hac re sibi dare vellent. Ad hæc illi tam utile, tamque proficuum unanimiter dedere consilium ut nunquam de illorum propriis et ad se specialiter pertinentibus rebus, quas per præcepta regalia et apostolica privilegia, sicut præmissum est, canonici Sancti Martini insolubiliter possidere cernuntur, alicujus dispendii detrimentum ipsos aliquo modo sustinere permitteret; addentes quod nemo unquam regno dei aptus esse poterit, quicumque prætaxatas Sancti Martini auctoritates infringi et violari consenserit. Quorum salubri ac consentaneæ subgestioni tanto spontaneum adhibens consensum, quanto apud deum et homines considerans sibi esse proficuum, reddidit eis pro amore dei et Sancti Martini, necnon pro remedio animæ progenitoris sui domni Rotberti, quondam piissimi regis atque genitricis suæ, seu pro remedio avunculi sui domni Odonis, æque gloriosi regis, suorumque parentum omnium et amicorum, præfixam portariam cum omnibus suis adjacentiis et integritatibus, quæ vel ad portariam pertinere dicebantur, vel quæ cupiditate quorumdam usurpata fuerant, per consensum, ut dictum est, illic instantium fidelium suorum, ad eorum scilicet vitam temporaliter sustentandam, sicut in præcepto domni Karoli gloriosissimi regis apostolicorum privilegiis obserato habetur insertum, ita ut ab hodie et deinceps sicut et reliquas suas res absque alicujus ejusdem Sancti Martini loci abbatis, quicumque extiterit, contradictione seu refragatione sæpius nominatam portariam stipendiario more teneant atque possideant. Ut autem hujus noticiæ auctoritas omnibus temporibus ab hinc et in reliquum firma et inviolabilis permanere valeat et a successoribus suis, scilicet Sancti Martini abbatibus, certiorem in dei nomine obtineat firmitatem, ipse domnus Hugo semper nominandus abbas manibus propriis eam sub signo sanctæ crucis corroboravit, et tam episcopos qui præsentes erant subscribere, quam etiam fideles suos, venerabiles quidem viros, firmare rogavit.

Signum sanctæ crucis domni Hugonis gloriosi abbatis, qui hanc auctoritatem fieri et affirmare rogavit.

Gualterius Parisiorum episcopus subscripsit. Tetolo Levita et Turonorum archiepiscopus subscripsit. Ermenteus Aurelianensium episcopus subscripsit. Guido Saxonensium episcopus subscripsit. Hugo Remensium episcopus subscripsit.

Signum Erberti comitis. Signum Bernardi comitis. Signum item Erberti comitis. Signum Fulconis comitis. Signum Tetbaldi comitis. Signum Ernaldi comitis. Signum Aimonis vasalli dominici. Signum Ervei vasalli dominici. Signum Rodulfi vasalli dominici.

Data est autem hæc auctoritas VII. kal. januarii Parisius, anno V regnante Ludovico rege. Ego Gualterus sacerdos Sancti Martini et cancellarius per jussionem domni Hugonis gloriosissimi abbatis scripsi et subscripsi.

Ex Pancarta Nigra Sancti Martini, f° 120. — Copie. *Arm. de Baluze*, 76, p. 139.

X

THIBAUT LE VIEUX, COMTE DE TOURS, SE DÉSISTE EN FAVEUR DES CHANOINES DE SAINT-MARTIN DE TOUS LES DROITS QU'IL AVAIT SUR UN SERF NOMMÉ LETBRAN A CONDITION QUE CE SERF ET SA POSTÉRITÉ DEMEURERONT ATTACHÉS A LA TERRE DE SUEVRES.

(957.)

Notitia qualiter et quemadmodum venit domnus Tetbaldus comes Turonis, castello scilicet Sancti Martini, ante sacrosanctum ipsius sepulchrum, die martis, pridie videlicet kal. Aprilis, et ibi devota mente, pro amore dei ac sancti Martini, vel etiam pro remissione suorum criminum atque precatu fratrum, quendam hominem sui juris Letbrannum nomine, filium scilicet Erluini curtis nostræ Pseudoforensis (1) majoris, et ex marterna parte pertinentem ex potestate Sancti Stephani Autisiodorensis, quam in beneficium tenere videbatur, præfato Christi confessori Martino et fratribus ejusdem congregationis perpetualiter habendum vel dominandum, voluntarie condonavit, atque guerpivit, eo quin etiam rationis ordine et tenore, ut quamdiu ipse advixerit Letbrannus, tam ipse quam post ipsum omnis illius successura soboles, hereditario jure in jam dicta Pseudoforensi maneat potestate et ibidem colonili more propriam deserviat hereditatem, tanquam unus sæpefatæ curtis colonus hereditarius, nulli unquam aliquod reddens servitium nisi beato Martino et ipsius loci canonicis. Si vero, quod absit, vel quod nunquam evenire credo, fuerit aliquis, filius scilicet meus, vel aliqua intromissa persona, quæ hujus meæ donationis auctoritatem malivolo animo infringere voluerit, inprimis iram et maledictionem omnipotentis dei et piissimi confes-

(1) Suèvres, canton de Mer, arrondissement de Blois (Loir-et-Cher).

soris ejus Martini incurrat et ipsos se offensos sentiat, nisi citissime se ex tam pessima voluntate correxerit, et insuper per districtum Sancti Martini abbatis quicunque extiterit auri libras V coactus exolvat, et sua repetitio nullum effectum habeat, sed hæc mea promptissima donatio meis filiique mei, aliorumque nobilium virorum fidelium scilicet meorum, vel etiam quorundam episcoporum manibus roborata firma et stabilis semper et ubique valeat permanere.

Signum sanctæ crucis domni Tetbaldi comitis, qui hanc donationem libenti animo fieri rogavit et corroboravit.

Signum Tetbaldi filii ipsius. Joseph Turonorum achiepiscopus subscripsit. Ermenteus Aurelianensium episcopus subscripsit, Richardus Bituricensium episcopus subscripsit.

Signum Alberici Aurelianensium vicecomitis. Signum Odulfi. Signum Landrici. Signum Adalardi. Signum Guanilonis vicarii. Signum Ascelini. Signum Bernerii. Signum Arberti.

Data est ergo hujus notitiæ auctoritas VII kal. aprilis Turonis, Castello scilicet Sancti Martini, ante sanctum ipsius sepulchrum, anno adhuc tertio regni Hlotharii regis.

Ego Adalmarus gregis beati Martini levita et ejusdem cancellarius rogatus scripsi et subscripsi.

Archiv. de Saint-Martin. — Copie. *Arm. de Baluze*, t. 76, p. 242.

CONCORDANCE DES PAGES

DE L'ÉDITION DE LA SOCIÉTÉ DE L'HISTOIRE DE FRANCE AVEC CELLES DU SPICILÉGE DE D'ACHÉRY

POUR LES CITATIONS FAITES DANS L'INTRODUCTION.

(La lettre A indique la première colonne du Spicilége, la lettre B la seconde.)

Pages de l'introduction.	Pages de l'édition de la Société de l'histoire de France.	Pages du Spicilége in-folio tome III.
P. III.	P. 351	234 B
	353	235 A
P. V.	40 à 45	238 B à 239 B
	47 à 63	240 A à 243 B
	63	243 B
	67	244 B
	75	346 A et B
	87	249 A
	89	249 B
	67 à 69	244 B à 245 A.
	93 à 98	250 B à 252 A
	109 à 116	253 B à 355 A
	100	252 B
	103 à 106	253 A et B
VI.	18	269 A
	19	ibid.
	20	269 B
	21	ibid.
	28	271 B

Pages de l'introduction.	Pages de l'édition de la Société de l'histoire de France.	Pages du Spicilége in-folio tome III.
VI.	P. 30	271
	31	372^{A}
	32	272^{A}
VII.	33	272^{B}
	131	258^{A}
X.	144 à 151	263^{A} à 264^{B}
	152 à 153	264^{B} à 265^{A}
XI.	26	271^{A}
	143	262^{B}
XII.	144	263^{A}
	151	264^{B}
	152	ibid.
	153	265^{A}
	155	265^{B}
	34	272^{B}
	40	238^{B}
	36	237^{A}
	39	233^{A}
XII.	45	239^{B}
	46	ibid.
	63	343^{B}
	66	244^{B}
	67	ibid.
	69	245^{A}
	71	245^{B}
	74	246^{A}
	75	246^{A}
XIII.	76	246^{A}
	8	247^{A}
	87	249^{A}
	89	249^{B}
	91	250^{A}
	93	250^{B}
	100	252^{A}
	101	252^{B}
	102	ibid.
	116	255^{A}
	117	ibid.

Pages de l'introduction.	Pages de l'édition de la Société de l'histoire de France.	Pages du Spicilége in-folio tome III.
	34	272 B
	88	249 A
	122	256 A
	124	ibid.
	125	ibid.
	126	257 A
	127	257 B
	134	258 A
	133	ibid.
	134	258 B
XIV.	138	259 B
	140	262 A
	141	ibid.
XIX.	65	244 B
	66	ibid.
	67	ibid.
	60	245 A
XX.	139	259 B
	131	258 A
XXI.	93	250 B
	101	252 B
	109	253 B
	116	255 A
	122	256 A
	91	250 A
	126	257 A
	140	262 A
XXII.	70	245 A
	73	245 B
	87	249 A
	89	249 B
	131	258 A
	132	ibid.
	133	ibid.
	88	249 A
XXIII.	124	256 B
	154	265 A
XXII.	39	238 A

CONCORDANCE.

Pages de l'introduction.	Pages de l'édition de la Société de l'histoire de France.	Pages du Spicilége in-folio tome III.
	28	271 [B]
	36	237 [A]
	46	239 [B]
XXXIII.	79	245 [A]
	76 à 78	246 [B] à 247 [A]
	67	244 [B]
	69	245 [A]
	40 à 45	238 [B] à 239 [B]
XXXIV.	152	264 [B]
	153	ibid.
	131	258 [A]
	132	258 [B]
XXXVI.	131	258 [A]
	63	243 [B]
	67	244 [B]
	75	246 [A et B]
	87	249 [A]
	89	249 [B]

TABLE
DE L'INTRODUCTION AUX CHRONIQUES DES COMTES D'ANJOU.

FIN DE LA TABLE.

Paris. — Typographie Lahure, rue de Fleurus, 9.

TABLE ALPHABÉTIQUE.

A

D

E

G

H

I

J

L

M

N

O

P

R

S

T

U

V

W

FIN DE LA TABLE ANALYTIQUE.

TABLE DES MATIÈRES.

FIN DE LA TABLE DES MATIÈRES.

Paris. — Typographie Lahure, rue de Fleurus, 9.

Ouvrages publiés par la Société de l'Histoire de France *depuis sa fondation en 1834.*

Ouvrages in-octavo à 9 francs le volume.

L'Ystoire de li Normant. 1 vol. *Épuisé.*
Grégoire de Tours. Histoire ecclésiastique des Francs. Texte et traduction. 4 vol. *Épuisés.*
— Même ouvrage. *Texte latin.* 2 vol.
— Même ouvrage. *Traduction.* 2 vol. *Épuisés.*
Lettres de Mazarin à la reine, etc. 1 vol. *Épuisé.*
Mémoires de Pierre de Fénin. 1 vol.
Villehardouin. 1 vol.
Orderic Vital. 5 vol.
Correspondance de l'Empereur Maximilien et de Marguerite, sa fille. 2 vol.
Histoire des Ducs de Normandie. 1 vol. *Épuisé.*
Œuvres d'Eginhard. Texte et Traduction. 2 vol.
Mémoires de Philippe de Commynes. 3 vol. Tome I *épuisé.*
Lettres de Marguerite d'Angoulême, sœur de François Ier. 2 vol.
Procès de Jeanne d'Arc. 5 vol.
Beaumanoir, Coutumes de Beauvoisis. 2 vol.
Mémoires et Lettres de Marguerite de Valois. 1 vol.
Chronique latine de Guillaume de Nangis. 2 vol.
Mémoires de Coligny-Saligny. 1 vol.
Richer, Histoire des Francs. Texte et traduction. 2 vol.
Registres de l'Hôtel de Ville de Paris pendant la Fronde. 3 vol.
Le Nain de Tillemont, Vie de saint Louis. 6 vol.
Barbier, Journal du Règne de Louis XV. 4 vol. *Les tomes I et II épuisés.*
Bibliographie des Mazarinades. 3 v.
Comptes de l'argenterie des rois de France au xive siècle. 1 vol. *Épuisé.*
Mémoires de Daniel de Cosnac. 2 vol. *Épuisés.*
Choix de Mazarinades. 2 vol.
Journal d'un Bourgeois de Paris sous François Ier. 1 vol. *Épuisé.*
Mémoires de Mathieu Molé. 4 vol.
Histoire de Charles VII et de Louis XI, par Thomas Basin. 4 vol. Tome I *épuisé.*
Chroniques des comtes d'Anjou. 1 vol.
Grégoire de Tours, Œuvres diverses. Texte et traduction. 4 vol. Tome II *épuisé.*
Chroniques de Monstrelet. 6 vol. Tome I *épuisé.*
Chroniques de J. de Wavrin. 3 vol.
Miracles de S. Benoît. 1 vol.
Journal et Mémoires du marquis d'Argenson. 9 vol. Tome I *épuisé.*
Chronique des Valois. 1 vol.
Mémoires de Beauvais-Nangis. 1 vol.
Chronique de Mathieu d'Escouchy. 3 vol.
Commentaires et Lettres de Blaise de Monluc. Tomes I-IV.
Œuvres de Brantôme. Tomes I-V.
Comptes de l'hôtel des Rois de France aux xive et xve siècles. 1 vol.
Rouleaux des morts. 1 vol.
Œuvres de Suger. 1 vol.
Mémoires de Mme Du Plessis-Mornay. 2 vol.
Joinville, Histoire de saint Louis. 1 vol.
Chroniques des églises d'Anjou. 1 vol.
Chroniques de J. Froissart. Tomes I en 2 parties et II.
Mémoires de Bassompierre. Tome I.
Introduction aux Chroniques des comtes d'Anjou.

SOUS PRESSE :

Commentaires et Lettres de Blaise de Monluc. Tome V.
Œuvres de Brantôme. Tome VI.
Chroniques de J. Froissart. Tome III.
Mémoires de Bassompierre. Tome II.
Annales de S. Bertin et de S. Vaast.
Chroniques d'Ernoul et de Bernard le Trésorier.

BULLETINS ET ANNUAIRES.

Bulletin de la Société, années 1834 et 1835. 4 vol. in-8. — 18 fr.
Bulletin de la Société, années 1836-1856. *Épuisé.*
Table du Bulletin, 1834-1856. In-8. — 3 fr.
Bulletin de la Société, années 1857-1862. In-8. — Chaque année, 3 fr.
Annuaires de la Société, 1837-1863. In-18. — Chaque volume, de 1837 à 1844, 2 fr.; de 1848 à 1863, 3 fr. *Les années* 1845, 1846, 1847, 1853, 1861 et 1862. *Épuisées.*
Annuaire-Bulletin, années 1863 à 1868. — Chaque année, 9 fr.

Typographie Lahure, rue de Fleurus, 9, à Paris.

www.ingramcontent.com/pod-product-compliance
Ingram Content Group UK Ltd.
Pitfield, Milton Keynes, MK11 3LW, UK
UKHW012220240726
13966UKWH00003B/874

9 782013 045681